穹蒼之下 沉冤待雪

香港抗爭事件被自殺冤魂通靈實錄

霧島 著

推薦序

香港人「死亡日常」被公開，十五歲少女浮屍藏殘忍真相……

——少女老王（《比鬼故事更可怕的是你我身邊的故事》作者）

如果你是個從不迷信鬼神的人，那可不可以請你在翻開下一頁之前……相信這一次？

至少我在收到這本極度強調是「通靈實錄」的書稿瞬間，就相信了。

基於香港進行了一年半未果的反送中運動、基於被強制通過的港版《國安法》、基於朝夕看著對岸用封鎖搜尋關鍵字逼人民噤聲、基於藝人們為生存瘋了一般的打卡「我支持香港警察，你們可以打我了」、基於網路上各種突破重圍傳出的未打碼「被自殺」屍體影片，我無條件相信，這本透過一個無法搜尋到的筆名、飄洋過海到臺灣出版的書裡，寫的，就是香港人一直想說的真相。

還記得嗎？自二〇一九年三月起，香港人的生活因為《逃犯條例修訂草案》一夕劇變，並且在二〇二〇年六月三十日，被迫鑲上一個猶如禁箍咒的句點《國安法》，中共只用短短不到一年半的時間，就違背了五十年之約，而且還自以為可以用拙劣的謊言，將「踐踏人權與性命」的武力鎮壓惡行掩蓋，這樣的鋼鐵厚臉皮，也許世界多數國家都「還在適應」，但對只跟紅色政權隔一個海峽的臺灣，卻是再熟悉不過的手段，甚至有時我們都在猜，是不是在中國，只要不配合中共政府，下場也將是「被消失」，如同香港自二〇一九年三月起、不斷「被自殺」的年輕生命一樣。

套一句之前最常聽到兩岸組記者前輩說的：「進中國簡單、出中國『不可能』。」

二〇一九年三月起，我有很多香港朋友都陸續從社群網路上消失了，依稀記得他們的帳號裡，原本還充滿點心、迪士尼、聚餐各種歡樂照片，然後，更新速度漸漸慢了，那些上傳的笑著的照片都被套上黑白濾鏡，像是一種留後路給自己解套的最後抵抗，然後、然後，他們的動態陸續地消失了，我的好友名單數字下降了幾個。

我再也無法知道，他們是不是只有在網路世界消失而已。

而香港作家霧島這次突破重圍也要出的書《穹蒼之下，沉冤待雪：香港抗爭事件被自殺冤魂通靈實錄》，讓我們得以用「全新的角度」，看見那些讓臺灣人也憤慨的死亡真相。像是明明是游泳健將、卻全裸死在了海上的十五歲少女陳彥霖，多少卑劣的大人們搶著替死去的她開口，除了說她是自殺、還把她說成不良少女，甚至派出一個明顯不是她親媽的人出來阻止輿論。

不論各界如何施壓，對中共來說，讓真相不了了之依舊容易，然而十五歲少女之死、並不是那麼容易被遺忘的。

在霧島筆下，死去的陳彥霖說出了自己臨終前的恐怖真相，我們這才知道，原來在香港，一個有想法的國中少女，是會被警察一路跟蹤、甚至她下榻之處都被警察滅門，最後仍逃不過這些大人的追捕，成為香港抗爭運動下的犧牲者、成為中共用來要脅香港人閉嘴的棋子。

陳彥霖之死震驚世界，然而她再也無法為自己發聲，只能以靈體的方式、對著那些大言不慚做偽證的成年人們，哭吼出最後的悲痛。

然而，在陳彥霖之前與之後，還有許多支持反送中的年輕人，死在了香港警察刻意的「壓頸」之下，並被包裝成失蹤人口、實則已與其他冰冷遺體被亂葬在荒山上，直到透過霧島的陰陽眼，才讓他們得以在活著時還來不及道別的世界，留下最後的念想。

看著中共、香港政府釋出的各種粉飾太平，我們除了不相信、不支持，似乎再無能為力，我一直記得現在已經失聯的一位香港朋友，在反送中初期時跟我說：「我不認同臺灣是下一個香港，因為我們要面對的現實，一直都比臺灣嚴峻太多，在這個世界上、我們是真的「中國（香港）」，而那些亂貼在你們身上的「中國（臺灣）」卻還可以反抗。」

「因為你們可以，所以請一直反抗，連我們的份一起。」這是在聊天室裡、那個已經變成無名帳號的大頭像旁，留下的最後一句話。

《穹蒼之下，沉冤待雪：香港抗爭事件被自殺冤魂通靈實錄》這本書的編排很有趣，前半講的是香港各種「被自殺」的真相、後半突然開始講霧島生活中的一些親身經歷，這種突如其來的轉換，是不是也讓讀者無形中體驗了一次、那些在中共政權高壓下生活的人們，不得不進行的兩面生活？

就是因為有了前半部的鋪陳、導致後半部貼近日常的鬼故事變得更加真實，我卻已來不及安慰自己這些都是假的，因為那些在反送中運動喪命的孩子們就走在前面，我再也無法忽視他們死前面臨的可怖，以及霧島必須隱姓埋名、跨海出書的恐懼。

霧島說，如果是枉死的冤魂，靈體現身時、腳上僅會穿著一只鞋。而他們光著的那隻腳，究竟要到什麼時候、才能再踩上令他們不用再擔驚受怕的安心土地？

看到這裡，你可以質疑這些靈異故事的真偽，但，中共跟香港政府釋出的訊息，你又該怎麼證明他們是真的？

臺灣享有的自由、民主與和平，不是只要好好珍惜而已，香港人到現在、都還在用盡各種方法告訴我們：在中共的陰影下，這樣的幸福，是需要團結起來捍衛的。

那些落單的鞋，還在等著被拾起。

你願意翻開書頁、一起尋找嗎？

推薦序

只要事件未然、靈魂依在，那真相必定到來

臺灣靈異研究學會・往檽、汶淇研究員

臺灣靈異研究學會始終認為，在政治強權與打壓迫害之下的犧牲者，亦可能化作冤魂厲鬼。尤其是在被動及無可疑的情形之下，那樣的苦、那樣的恨，會更加深沉。

我們遇過很多通靈者，而不同的通靈者會隨著自身立場、觀點、知識、想法等結構總和來閱讀靈魂世界，接著再呈現給活著的人。因此不管論點如何，勢必都有對立面之存在。

曾聽說，在香港抗爭過程中，有支持香港政府方的通靈者，私下協助港

警來限制、收伏抗爭者亡魂，使其不能透過靈體狀態、將遭遇和感受傳遞出去。甚至、還動用咒術令其魂飛魄散，意圖讓犧牲者們無法超生。

雖僅是聽聞，不過從港府與警方一路以來的行事風格，我們相信這些事有可能實際發生。

而在各國事件當中，偶有出現通靈者協助懸案調查的相關記錄。所以無論過了多久，只要事件未然、靈魂依在，那真相必定到來。

鬼魂與人一樣，都需要自己的情緒出口。我們可能都曾經這麼想過：「為什麼我會在這裡？我沒有同意被生下來，也沒有同意要『努力』當一個人阿。」

在調查經驗中，我們所遇見的鬼魂，普遍是迷網、無助、且需要陪伴。而在各個恐怖驚悚之影音作品之中，所見的那些凶靈惡鬼，在真實世界裡幾乎少之又少。畢竟於資訊爆炸年代下，所有人多少都會受到如此之形象投遞，對鬼魂的概念漸漸有了驚悚、恐怖、危險、暴戾、不潔、骯髒……

請試圖回想一下，除了那些特定凝聚的妖魔精怪之外，那鬼魂、不就也是人嗎？

你可以不相信超自然的存在，但強權與壓迫所帶來的，卻是無比真實。並且進而影響你的生活、你的環境、和你的未來。

我們之所以踏入靈異研究，不是想加深大眾對鬼魂的恐懼。而是希望能透過靈體的遭遇，喚醒人們對彼此的關心。

推薦序

光復香港，時代革命

——香港公務員

二〇一九年對於香港人來說，這三百六十五天是一天比一天難過！從反修例運動激起的一連串警暴問題，真香港人永不會忘記！從港英時代廉政公署成立後，警隊一直以優秀見稱，可恨的是，一九九七主權移交後，素質每況越下，從官方統計數字指出，現時警隊中有超過七〇％，皆是讀不成書、科科滿江紅、操行欠佳的中學生，透過「毅進計劃」，完成課程後獲錄取成為香港警察。由此可見，當一班流氓擁有了公權力，又得到管理層默許，自然恣意妄為，搶劫、虐待、強姦，甚至謀殺，視法治如無物，令這個城市頃刻急速崩壞，主謀非他們莫屬。

此書當中的故事，細節看似有點不可思議，但我可以切實告訴你，這種事情天天在香港發生。這個年代，「年輕就是罪！」年輕人一踏出家門，就會有被無理拘捕的可能，登山杖、鐳射筆、手電筒、勞作剪刀、指甲剪，或是奶油抹刀，皆會被警方視為攻擊性武器，即時拉進警局，進行私刑，捱得過的給你保釋外出，日後再拉再鎖再玩過，捱不過的，算你歹運，會以扔下樓或扔入海，「被自殺」的方式處理！

親愛的臺灣人，希望你能以另一個方式去了解香港的警暴問題是如此嚴重，期望你能多點關注！

光復香港，時代革命！

推薦序

當穿黑衣已是一種罪⋯⋯

傻豬媽豬扒　夢幻廚房（香港著名部落客）

知道了多年好友霧島在臺灣將要推出新書，寫出自己看到香港手足靈體的實況所見所聞，感覺真是悲喜交集！

喜的是，好開心有人終於可以為往生的手足先烈寫出真相，令更加多朋友了解香港的真實情況，及了解這場運動奪去了好多年輕人的寶貴人生及將來⋯⋯

悲的是，在高興過後我反問自己，為何這樣的事情會值得高興？用那麼多孩子的性命來換取我這一剎那的喜悅，我很自責很內疚⋯⋯

我們香港人現在正身處白色恐怖的實體生活及年代，每天換衣服上班的時候，好想像以往一樣穿著我最喜愛的黑色衣服，但是現今的香港，穿著黑色衣服已經是一種罪……年輕人為了這不應該有的罪仍然走在街頭，每天與這軍警黑統治政府抗衡，將自已寶貴的前途和生命也押上豁了出去，由二〇二〇年一月一號開始直至到三月二十二號，短短三個月香港已有八十三具遺體沒有家人認領，你們認為這是尋常的嗎？

香港人爭取了九個月，香港政府還未能對香港人作一個交代，還沒有成立由三位大法官主持的獨立調查委員會還原真相，我們不知道學校泳隊的陳彥霖小妹妹是如何變成赤裸浮屍？尋人啟事中的年輕人為何在兩天後赤身裸體地從旺角高處墮下？還有很多很多未被記下卻再也無法說話的死亡案件，真相究竟為何？二〇一九年月到現在，約有四百一十四位的屍體經警方調查全部都以「無可疑」結案，只有寥寥可數的幾位是有身份的，這些往生者能否沉冤得雪？找出死因？

真的很感謝霧島有這個天賦與手足交感，寫下這些故事，雖然未至能夠找出百分之一百的死因，但至少讓我們了解加多。

下筆的這時，很害怕有人會說霧島在吃人血饅頭，我傻豬媽以我的人格保證，他是一個寧願什麼都不要只希望孩子能夠健康快樂成長的人，希望大家閱讀完這書後，能夠對反送中運動引致的嚴重警暴問題有更深入的了解。

作者序

自由的臺灣撐香港的自由

我先要感謝「臺灣時報出版社」給予我一個機會完成我寫此書的心願。

我是一名八〇後的香港人，亦是一名天生有陰陽眼的靈能者。在寫作的層面上，絕對是一名素人，但時報出版仍肯冒這個險出版拙作，真的非常感謝。

這本書除了寫一些我日常生活中遇到的靈異事件，其實我主要是想紀錄一下香港在二〇一九年「反對逃犯條例修訂運動」引伸到後來政府及警方的打壓，導致有很多同路人犧牲，我親眼見到這些手足的靈異事件。

老實說，這一年我們香港人真的很難捱，除了疫情，也要面對各方面的自由一天比一天的縮限，令我們喘不過氣來。

而又因為所謂的「港版國家安全法」，令我們每日都處於精神緊繃狀態，因為我們不知道究竟有什麼可以說，有什麼可以做。

很感恩還有臺灣這個自由民主的土地，令我有機會可以寫下自己想說的。我像呼吸得到臺灣自由的空氣。

這次我精心挑選了這些經歷，當中有喜亦有悲，也有令鬼哭神怒的，希望大家可以融入我的人生。

再次感謝自由的臺灣。

霧島

於二〇二〇年八月三十一日

CONTENT

目錄

卷一 沉冤未雪

卷二 萬物有靈

卷三 千年一瞬

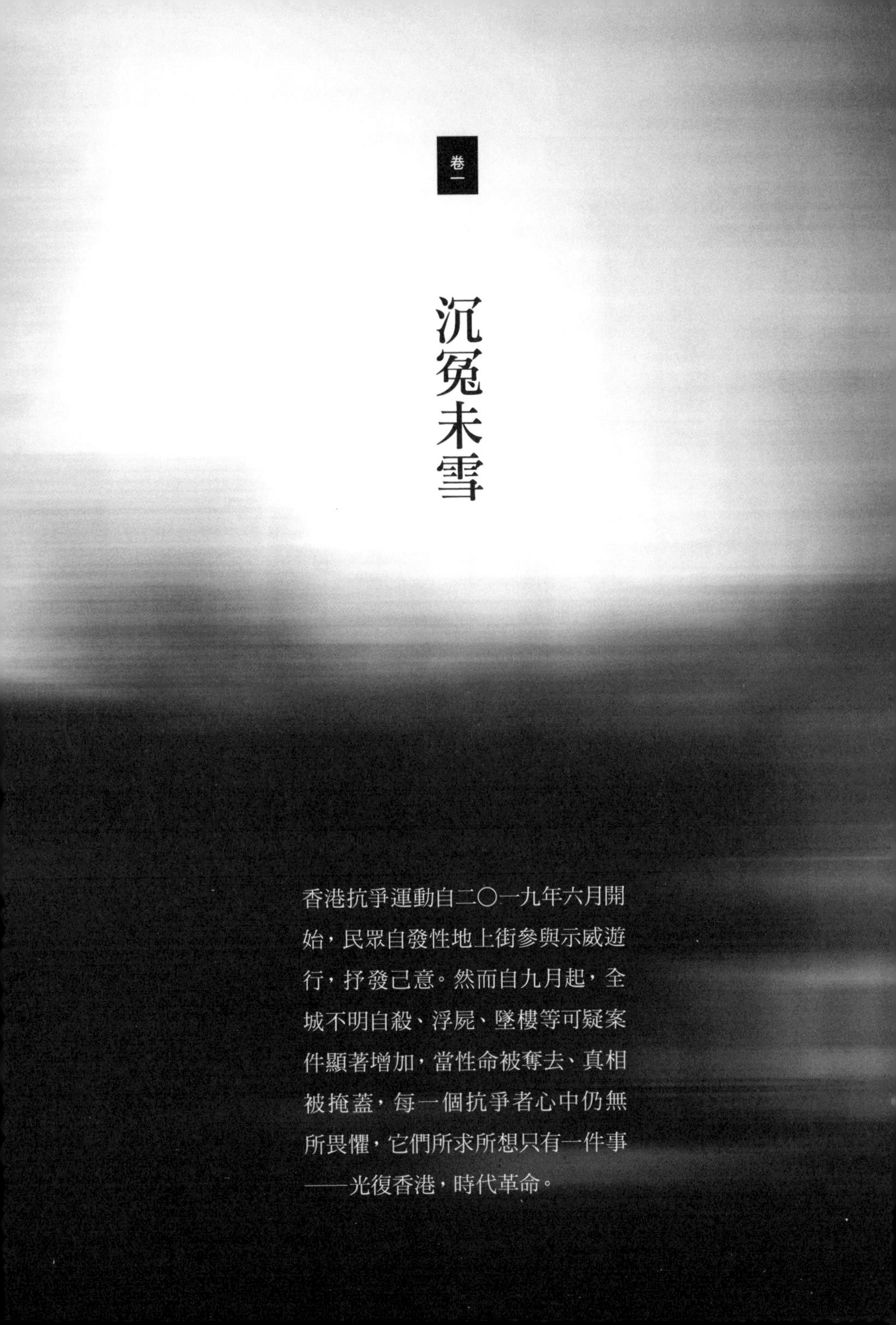

卷一

沉冤未雪

香港抗爭運動自二〇一九年六月開始，民眾自發性地上街參與示威遊行，抒發己意。然而自九月起，全城不明自殺、浮屍、墜樓等可疑案件顯著增加，當性命被奪去、真相被掩蓋，每一個抗爭者心中仍無所畏懼，它們所求所想只有一件事——光復香港，時代革命。

元朗黑夜

二〇一九年七月二十一日，香港新界元朗區發生暴力襲擊事件，又稱「元朗暴力事件」、「元朗恐怖襲擊」、「元朗恐襲」、「七二一西鐵元朗站事件」。當晚正在舉行反送中活動第六場遊行，上街人數共四十三萬人，遊行結束人潮仍未散去之際，大批疑似黑道、身穿白衣者手持棍棒在街區追打路人和示威者，甚至進入港鐵元朗站襲擊列車乘客，多人血流滿面，更有女性直指遭到非禮，穿著制服的救護員為傷者急救時也遭遇白衣人襲擊。襲擊事件直至翌日凌晨。造成至少四十五人受傷，當中包括記者和孕婦，有一人危殆，五人重傷。

那晚我在現場目擊事發經過，但我也同時目睹一些奇異現象……

開始時雙方也很克制，但我留意到那些白衣人的背後，差不多都有一個黑影跟著，身高有些像成年人，有些像小孩。然後白衣人們口中唸唸有詞，之後沒多久，牠們那群畜生就開始衝向人群，無差別襲擊市民，幸好我跑得快，否則我也會遭殃！

而在市民逃跑的過程中，本來是可以逃脫的，但我見到那些本應跟著白衣人的黑影和灰影，改為跑到那些市民面前，用手遮蓋他們的眼睛，或用手拉倒他們，使得白衣人可輕鬆地圍捕、毆打更多無辜的市民。

我知道那些是惡靈。因為我和一位比較「善良的」靈體作出一次短暫的交感。

正當我不知所措的時候，突然見到一個灰色影子站在我的面前，並向我說：「我知道妳看到我的，我勸妳還是叫其他人向前快跑吧！」

我即時瞪大眼睛：「你為什麼要幫我們？我們是敵對的！你有什麼企圖？」然而，說實話，那一刻我的確感應不到它有什麼惡意。

「我們只是遊魂野鬼，只是因為收到他們的一些功德而去幫助他們，因此我們比較沒那麼兇，但那些黑色的勸妳別去招惹，它們全是某國的邪法……」那灰影向我說。

我心有不甘，追問下去：「那即是黑社會與警隊串聯起來的嗎？他們有心大開殺戒？」

「對啊！他們是串聯起來的，但並不是要大開殺戒那麼誇張，只是想教訓一下你們而已！不要再說了，妳還是叫其他人快點走吧！」它語重心長地說。

我馬上叫身邊的人快跑，可是當時的情況實在太混亂，我看在眼裡，可惜又幫不上忙，只能眼睜睜看著手足被打得頭破血流，唯有含著眼淚繼續逃跑。

一口氣跑了很遠，我不知道自己在什麼地方，心頭一揪，竟哭了出來。「別哭……」有一個老婆婆的聲音向我說。

我抬頭一看，只是一張模糊的面孔，只知道它是一位老婆婆，它坐在我的旁邊。我感應到它並沒有惡意，於是放下戒心，跟它談了起來。

「我什麼都看在眼裡，也知道究竟發生了什麼事，我看妳還是不要跟他們鬥了，你們在明，他們在暗啊！」老婆婆的靈體說。

「我只是不明白那些白衣人為什麼要利用你們去對付我們？」我的眼淚奪眶而出。

「我們只是各取所需，他們給我們功德，我們替他們辦事……妳還是走吧！」老婆婆說。

至今那些畜生還未被起訴！但我深信天是有眼見的，不是不報，時候未到。

手足

《逃犯條例》風波連月來引發多場警民衝突。二〇一九年八月十四日晚，再有大量市民趁「七月十四日盂蘭盆節」，到深水埗警署燒衣紙及用鐳射筆照射警署外牆。

期間出現極富「戲劇性」的一幕。一名警員在警署內開擴音器，向警署外集結的市民發出警告，要求對方離開，惟該名警員以近乎話劇演員的激昂聲線講話，與平日警隊莊嚴、正規的風格迥異，隨著示威者不斷照射激光及指罵，該警員情緒更愈發激動，用擴音器與警署外示威市民對罵，喊出「你們這班不知所謂的市民」、「你們跟黑社會沒有分別」等，有關用詞頗情緒化，在過往警方的正式警告中，罕有使用。

深水埗警署外示威市民聚集期間。該名用擴音器警告的警員，聲線一直保持「抑揚頓挫」，情緒高漲。八時許群眾首次聚集在警署外，用鐳射槍照射警署外牆時，他已十分激動，高聲呼叫要求示威者「停止用鐳射槍襲擊警察」，又指用鐳射筆照射警署的示威市民是「襲警」。

那晚我途經該處，看見很多市民在燒衣拜祭，當然也見到靈體們在享用市民的心意。突然聽到幾聲巨響，然後四周充滿刺鼻的白煙，原來警方趁市民不覺，就瘋狂發射催淚彈清場，企圖令市民散去。

其間我見到一大班本在享用市民心意的靈體，突然全部呆住，並發出怨恨的目光望著那班已經發瘋似的警員，有些靈體一步一步向前行，面對他們，並發出恐怖的怒吼聲；有些靈體則慌忙把市民燒掉的衣包金銀，拾起之後往衣服內塞，場地混亂及震撼！

隨著那些瘋警收隊返回警署，那些靈體像心有不甘似地也跟著他們移動，全部都帶著憤怒圍在警署門外。

之後靈體們再沒有其他動靜了，只是耐心地等待著……

我站在旁邊觀察著，其中一個比較年輕的女靈體跟我交感起來。我問它會否感到憤怒？

「如此重要的鬼月，對於孤魂來說是一年一度的盛事，如此打擾，實在不敬，至於那批警員事後有沒有得到教訓，我就不知道了。」它對我說。

沒多久，那班警員又再次出動，我看到本來沒有動靜的靈體像韓國電影《屍速列車》般，紛紛撲向那班警員，一些在指罵，另一些則跳上他們的肩膀，場面非常混亂，我也不敢久留，趕快離開。

「你看到了吧！」它輕描淡寫地說。

我赫然發現那年輕女靈體仍然跟著我！我告訴它可以離開了，可是它沒有聽進去，一直跟著我直到家門前。因我不知道它有什麼企圖，於是我停止與它交感。

不知不覺，它已經站在我家門前五天了，樣子顯得非常哀傷。

「妳究竟想怎樣？」我已經非常不耐煩。

「妳……妳可以帶我回家嗎？就在妳家附近，因為我知道，所以才跟著妳，而且……而且我是手足……」它很認真地向我說。

手足指的是香港參與抗爭的夥伴對彼此的稱呼。這點令我感到非常驚訝，於是我向它提問：「妳的家在那裡？如何證明妳是手足？」

它先說出家裡的地址，然後再激動地說出幾個在警方口中，被列為「無可疑」的自殺案，牽涉的人物和死因，它都一一詳細說明，也讓我看到一些不完整的影像（可能是它能力所限吧！）我在網路上搜尋，發現真的有那些案件，而且死者和發現屍體地點也如它所說！

我很心痛，那些「無可疑」的案件，原來暗藏玄機！

「這樣妳可以信我了嗎？可以帶我回家了嗎？」它催促著我。

「慢著，妳給我看的影像，他們全都沒有穿制服，究竟他們是什麼人？為什麼要那些手足『被自殺』？而妳又是怎麼死的？」我一口氣問完。

「哼！難道沒有穿制服的人就不是執法人員？妳可別那麼天真！那些手足不是因為知道得太多，就是因為在盤問過程被失手殺掉的，而我……是被姦殺的……」它娓娓道來。

我不由得倒抽一口涼氣！如果不是臺灣仍然有說話的自由，我真的不敢把這件事寫出來！

之後，我遵守承諾把它帶回家。我跟著它給我的地址，是在我家的附近，一幢三層高樓房，看來家境不算差。

我按了一下門鈴，有一位太太應門。我把來意告訴她，她猶豫了一會，便請我入屋。

「實不相瞞，其實我女兒有託夢給我，說會找到人帶她回家，所以我並不驚訝。」太太流著眼淚，望向一個靈位。我看到那幅相片，正正就是要求我帶她回家的那位少女！

「她已經失蹤一個多月，找警方尋人、在網路上尋人也做過，可是總沒有回音。於是我們去找靈媒，反正什麼也要試，結果得出她已經不在人世，被人下葬在一個沒有墓碑的地方……我不能再說了，謝謝妳把她帶回家，妳請回吧！」太太下逐客令，我唯有黯然離開。

我相信抗爭到現在，身亡的數目遠比我們所耳聞的多上許多，而她只是剛巧碰上我而已……

八三一義士

二〇一九年八月三十一日，香港九龍旺角太子站發生嚴重衝突事件。最初是兩批政見不同的乘客發生激烈口角，之後多名防暴警員及速龍小隊衝入太子站往中環的月台及列車，以警棍無差別攻擊市民及乘客。稱為「香港太子站襲擊事件（英語：Prince Edward station attack）」，又稱「太子八三一事件」、「太子恐怖襲擊」。事後警方否認「進站打人」，重申只是使用「適當武力」制服示威者。有人將此事件視為「元朗襲擊事件的警察版」，也有部分市民支持警方執法，並且有人聲稱有若干人被警察毆打致死。

我可以肯定地告訴大家，八月三十一日那天的確有手足死亡，光是我就見到五個。

由於我只是個沒有修法的陰陽眼人，因此很多時候縱然見到需要幫忙的靈體，我也做不了什麼，只能唸些經文，希望可以超渡它們。

「今晚有空嗎？我想去太子站做些超渡儀式！」朋友A打電話給我。他是個修密宗的在家居士，但他沒有陰陽眼，看不到靈體，固此我倆可以說是天作之合。

那晚大約晚上七時許，我和他在太子站對面的行人路下車，正等候紅綠燈。

「妳看見它們嗎？」他很心急似的。

「太遠了，看不清楚，過去中間的安全島位置再看吧！」我說。

到達安全島後，我就看見三個手足靈體站在太子站出口的欄杆上，頭部側一邊，其間仍有零星路人獻花上香。

「我看到了，它們就站在那裡！」我指著出口的位置。

「那可好，我們過去後，妳先問它們想要什麼經文，然後我再唸經、打手印！」他在調整心態。

到了出口附近，當我跟它們通靈之後，突然聽到有很多嘈雜喧囂聲，然後有很多和手足靈體一模一樣裝扮的靈體從四方八面衝過來，場面恐怖，猶如喪屍出籠！它們不停把訊息輸入到我的大腦內，各式各樣的都有！

原來它們都是在附近一帶遊走的靈體，長年累月得不到超渡，當感應到我們這次專程來為手足做超渡的時候，就幻化成手足，想瞞天過海，希望完成未了心願，從而得到解脫。

我一時適應不了超大量的訊息進入大腦，頭部異常漲痛，像快爆開似的，接著開始嘔吐不止……當我再有知覺時，我已經在急診室，因為我昏倒了。

這次的超渡當然做不成。

「再去一次吧，這次改去太子站下層吧！應該會集中一點，不會被太多遊魂騷擾！」朋友A提議。

於是過了幾天，我們再戰太子站，可是情形也是一樣……我又去了醫院的急診室。到現在，我們還未有機會成功地向五位義士進行超渡，讓我相當沮喪……

我決定再到現場獻花，那天我的心很痛，眼睛在淌淚。到達後已經晚上十一時，仍然有很多在獻花致意和上香燒衣的善心民眾，擠得水洩不通。

我放下白花後離開大約三個人的距離，希望用手機拍幾張照片。正當想舉機拍攝之際，我見到有五個人在收集白花，他們三男二女，目無表情，穿著「手足服」（即全黑衣褲鞋、黑色口罩、背包及黃色工作帽）和日常便服。

當時我沒有想太多，只認為是在場的手足幫忙清理放滿出口的白花。我下意識地看看他們的衣裝，再看到鞋子的部分……它們只穿一只鞋子！那即表示它們是枉死的！

對！它們是靈體，正是八三一的義士，正在收集善心民眾的心意！

眼淺的我不禁悲從中來，淚灑當場！其中一位義士靈體好像知道我看到它們，就緩緩靠近，站在我面前，「妳……看到我們？」我點頭稱是。

「別再傷心，別放棄，可惜我們已經幫不上忙！」說畢，它回頭再返回出口。

過了幾天，我再次出發。

到達目的地後，我開始唸經文替亡者作超渡，未幾，有三個戴著黃色頭盔的靈體向我們步近。

「你們願意跟我談一會兒嗎？」我提出請求。

「暫時可以吧！妳想知道什麼？」它們幽幽地說。

「你們都是八三一出事的手足嗎？你們是怎樣身亡的？有什麼心事未了，我可以替你們去辦嗎？」我實在太想知道真相。

「是的，我們是八三一死去的，共有五個。我們是被防暴警察打至頭破血流，再壓在我們的頸令我們窒息，再加上他們阻止醫療人員前來急救……」說到這裡，它們哭了起來！

「除了唸經文超渡之外，那我們有什麼可以替你們做呢？」我心疼地說。

它們凝望著我，想了想：「可不可以替我們通知家人？」

我二話不說：「當然可以啊！你們叫什麼名字？」

它們給了我五個名字，我抄在手機內。「如何通知他們？有電話號碼和地址嗎？」

「有……但……我們忘記了！」它們露出痛苦的表情，然後像一縷煙般在我面前消失。

那刻我流淚不止，良久也說不出話來。

回家後，無可奈何之下，我只能透過臉書專頁發布它們的名字，呼籲網友分享出來，希望它們的家人見到。

我做到的只有這些。自此之後，我沒有踏足該地方，免得傷感。

又過了不久，我在新聞上看到一則海面浮屍但又被警方評為「無可疑」的新聞，我驚見那屍體穿著的黑衣樣式，竟跟與我交感的靈體一模一樣！

一怒之下，我跑去警察局希望認領屍體，因為我有她的名字！可惜的是我並沒有其他關於她的資料，因此不得要領。

於是當晚我再一次跟她通靈，希望獲得更多資料，好替她辦事。

「我……我真的記不起來！」它目無表情的說，然後主動切斷我們之間的聯繫。

我不知為什麼它要終止這次通靈，而我亦再找不到它們。傳聞有法師把它們的靈魂鎖了起來……

陳彥霖同學

「陳同學死亡事件是於二〇一九年九月在香港發生的一宗死亡懸案，十五歲少女就讀於青年學院，於九月二十二日被發現全身赤裸浮屍於油塘魔鬼山一帶海面，警方稱調查後認為死因無可疑，並於十月十一日的警方例行記者會稱該同學的遺體已經火化，但有部分民眾質疑是他殺，大眾認為其死因是與她曾經參與反對逃犯條例修訂草案運動有關。在陳同學生前就讀的青年學院所屬機構要求釐清陳同學的死因後，同日傍晚新聞報導卻播出自稱陳同學母親的獨家訪問片段，她公開呼籲大眾不要再揣測女兒的死因，讓女兒安息。但其後部分媒體提出證據及質疑指她並非陳同學的母親，而在十一月十二日由香港民意研究所公布有過千名香港市民參與的民意調查顯示有七六．二%受訪市民支持召開死因庭，就陳同學的死因進行聆訊。」

這件事令我傷心到現在，因為實在太年輕了，只有十五歲，而且還是游泳健將呢！怎麼會如此死於大海？怎麼會赤裸自殺？如果這樣屬於無可疑的話，那簡直太不可思議了！

有一天心血來潮，想去該地方看個究竟，也許能幫上「她」什麼忙。

那晚大約七時左右，我到達發現屍體的地方，深呼吸一下就開始跟她交感起來，但試了三次也不成功，只吸引到另一些無主孤魂。正當我猶豫要不要再繼續下去的時候，有一個全身赤裸的少女在那些孤魂堆中向我走過來！我倆只相差一個人的距離。

她就是陳同學！雖然天色已經全黑，但是她那明亮的大眼睛我還是認得出來！

「嗚……………」她幽幽地看著我，並發出令人感到心酸的低鳴。

「妳……妳是陳同學吧！有什麼我可以幫忙，妳儘管告訴我，幫得到的，我一定會幫！」我含著兩泡眼淚不捨地說。

正當她想告訴我之際，旁邊的孤魂也一擁而上：「我們也需要幫忙！」我實在應付不了，而且如此多的怨靈同一時間圍著我，老實說我真有點害怕，所以只好作罷，急急忙忙離開現場。

回家後，心裡總覺得對陳同學過意不去，或許她有些事情想告訴我，在忐忑不安的心情下，我打電話給一位學法科的朋友，看看他有什麼方法可以幫得上忙。

一個星期後，我和朋友再到現場，他利用一些法門去招陳同學的芳魂。未幾，我見到她由海面移動過來。

我再次熱淚盈眶：「不用擔心，妳現在可以告訴我們有什麼事情可以幫上忙了！」她哭了起來！我們靜靜地聽她把事情說出來。

這內容我從來沒想到可以寫出來，要感謝臺灣這個自由的地方（答應我，你們要好好守著啊！香港已經做了完美的示範！）

「事情是這樣的，那天我偷偷去找男朋友，可是發現他家裡沒有人，打電話給他和他爸爸電話已經暫停服務，找不到人讓我思緒非常混亂。後來我才知道當時男友已經在新屋嶺了，並在那邊遭受毒打致死，後來被埋葬於沙嶺公墓。其他家人也已被送中，我母親也跟我一樣『被自殺』了，可惜到現在我還沒有遇到她的靈體。

那時候，已有便衣警員一直跟蹤著我，當然我也同時發現自己被跟蹤。而且已經跟了好幾天。我有跟同學說，可是他們不相信我。

之後有幾個星期我擺脫了跟蹤我的便衣警員，並分別躲藏在幾個朋友的家中，也因此連累了幾位朋友全家遭到滅門。我暫避了一段時間以為已經安全，於是我返回學校。但我也擔心會被再次跟蹤，因此在返回學校途中，跟朋友不斷更新自己身處的位置。

我以為學校有那麼多人，理應是安全的，可是我回到學校不久已被警方知道，我來不及離開，逃到港鐵站就被帶回警署協助調查。

當時三名便衣從港鐵站內帶走我，並押送到西九高鐵站。我在高鐵站內被強姦……最後被他們用紅色塑膠袋勒死……然後把我的衣服脫下，深夜再被他們拋下海……」她控制不了自己的淚水。

聽後，我和朋友一起憤怒起來！在這階段，我可以告訴大家，陳同學並不是自殺，而是被他殺！

「那我們有什麼可以幫忙呢？」我問它。

「妳可以把我帶到高鐵站嗎？我正在等待時機……」它那明亮的大眼睛突然變得充滿殺氣。

雖然我不明白它的「等待時機」是什麼意思，但看見它那憤怒得充血的大眼睛，我也不敢追問。

「我們帶了些衣物給妳，穿上才動身吧！」我邊說邊把祭品燃燒起來，亦順利把它帶到高鐵站。

希望它盡快等到它的「時機」……

聽。

陳彥霖同學・後記

時間一天天過去，我終於等到她的死因研訊，我和一位也會通靈的朋友一同到場旁

我們每天都見到陳同學的靈體站在證人亭內，看著每一位證人作供，當有些所謂的「證人」作證時謊話連篇，我們都會見到她憤怒的表情，好像想打斷他們說話；當聽到一些誠實的證人作證，她會不斷地抹臉上的眼淚。展開聆訊的第八天，我們尤其印象深刻。

那天傳召的專家證人是資深法醫馬宣立先生，當馬法醫說到：「令我最不安樂的，是沒有資料解釋為什麼屍體會全裸？」時，她哭得聲嘶力竭。

我們當場感受到鬼魂嚎哭起來的可怕。

及後馬法醫再提及，陳同學的左右胸腔分別有五百五十及五十毫升的腐爛液體，胃部有十毫升的澱粉狀液體，情況稍為古怪，因為遇溺者兩邊胸腔的液體分量應該相若，胃部亦應該有水流入。他亦說，手上的資料顯示陳同學的遺體「曾經浸水」，但無法確認為「溺斃」，我們見到她緊張地點頭表示同意。

行文至此，還未結案陳詞，但看官可以想一想，二〇一九年至現在，最少有幾十個所

謂「無可疑」的海上屍體發現案，為什麼偏偏只有陳同學會開死因研訊？又為什麼懂游泳的人會選擇跳海自盡？

我們香港人實在想不通！

將軍澳衝突

就是覺得不是很對勁，可是，哪裡不對勁，我又說不上來，也許是夜深了，才感覺到有點異樣。

我的車停在將軍澳尚德邨一個停車場的三樓。樓梯很安靜，那麼晚來開車的人，當然不會多，近期治安不是很好，要是樓梯轉角忽然冒出個人來，說不定會嚇一大跳！

我正想著，忽然樓梯轉角處人影一閃，果然轉出一個人來，自然地停了一停，那個從上面走下來的人，也停了一停。一看是一個一臉茫然、年紀很輕的男生，我想他若精神起來，可能是個陽光男孩，但這時，卻給人恐怖的感覺。

不知不覺間作了一個不想看下去的表情，他的身型有點壯碩，想是為了怕我誤會他不是好人，所以他側了側身，讓我先走。

那男生的表情很古怪，可能是太疲累，眼裡一點神采也沒有，看著他的時候，目光似是一片木然，雙手交抱在胸前，身子抖了一抖，像是很冷的樣子！

「年輕人，你覺得很冷嗎？我圍巾給你吧！」說著我把圍在脖子上的圍巾拿下。

「不用了，謝謝妳！」他道謝後就垂下頭，望向地下，當我重新把圍巾套上的時候，赫然發現……他只穿一只鞋子！

他是個枉死的鬼魂！

我不想理會太多鬼界的事情，所以急步地提起我的工作箱離開，想盡快離開。

「可以幫一幫我嗎？」他低聲而溫文儒雅地說。

我並沒有回應，只想趕快離開，可是好像怎麼走也走不出那條樓梯！

「我求了很多次，可是他們都聽不到，求你幫幫我……」他急得哭起來。

我很害怕聽到鬼魂的哭聲，很淒厲，又像貓兒尖聲哭叫，令人毛骨悚然！

總而言之，我走上走下都見到它，無可奈何之下，只好答應。「你先告訴我，但未必一定可以辦成。」我拿出手機，將他跟我說的話一一記下。

忽然覺得，那男生的臉很熟，像在那裡見過，但實在記不起。

「你是如何死的？可以告訴我嗎？」我忍不住好奇地問。

「嗯……我是被三個人抱起丟下樓的……」說罷，好像有種無形的力量，把我的耳朵封掉，我聽不見任何它所說的話。

它也好像感應得到，然後一臉茫然地離開停車場。

回到一樓，兩個停車場管理員手拿電筒走了過來：「沒事吧？我們在閉路電視上，看到妳一直在樓梯上上下下……還是快點離開吧！這停車場不乾淨，前些日子，一個年輕人在這裡出事，他老是回來，有時候，會讓我們感到陰風陣陣、遍體生寒，有時，也會有人見到他，滿身是血！」

噢！我……我想起來了！它就是周梓樂同學！在二〇一九年十一月四日凌晨時分將軍澳警民衝突期間，二十二歲香港科技大學學生周梓樂同學從此停車場三樓跌至二樓重傷，十一月八日不治身亡。

然而，我答應替他辦的事，只做了兩件，因為有些已經超越我可以做的範圍，實在辦不到。無論如何，我希望他可以沉冤得雪！

PS. 他跟陳彥霖同學的遭遇大大不同，香港政府並沒有為他展開死因研訊。

引路

有一天，好友P找我：「我有些不妥，出來見個面可以嗎？」

P是我在香港二〇一二年「民間反對國民教育科」時認識的戰友，一直跟我一起為自由奮鬥到現在。

到達酒店咖啡室，就見到她背後站著一位女生，以我的經驗，明顯是一個靈體，它身穿黑衣，頭戴黃色的安全帽，面色蒼白，而且頭部側向一邊，像沒有頸骨支撐著般。那一刻我並沒有即時跟它交感，只選擇默默地觀察。

「這幾晚我總做同一個夢，見到一位女手足，她好像有話跟我說，可是又發不出聲來，她是不是有求於我？」P非常焦急地說。

「她是這個樣子的嗎？」我把那少女靈體的樣貌形容出來。

P顯得非常驚訝：「對啊！就是她！你見到她嗎？」

「嗯！就站在妳身後，它是一個靈體。」我直說了。

「它是求助嗎？你替我問問它！」P說。

「回家才處理吧！」大庭廣眾之下真的很難做這件事啊。

返到P的家後，那少女靈體也跟了進來，於是我就跟它交感起來。

「不用緊張，妳是手足嗎？為什麼老是跟著她呢？」

它用手企圖把頭托回正常水平，可是一放手，頭部又側了向一邊，情況也相當嚇人。過了大約幾分鐘，它放棄了這個舉動，並說：「對不起，我並不是刻意想嚇你……」

「沒關係。」我強作鎮定。

「對，我是手足，那晚我出去了……有很多手足……有很多警察……然後我們瘋狂地跑，突然我的頸部很痛，然後……然後就這樣了！」

它的記憶很模糊，很零碎，這是新鬼的特徵，我嘗試引導它再多說一點，可是不得要領，它著急得哭了起來。我不再強逼它。

鬼的哭泣聲非常刺耳……

「先別著急，那妳為何找上P？」

「我覺得自己的身體很輕，輕得可以飄一樣。有一天，我在街上看到P的袋子掛起了『光復香港，時代革命』的吊飾，我估計她也是手足，所以才跟著她，希望她可以幫忙……」

「那我們有什麼可以幫忙？妳儘管說。」我鼓勵它。

「我想回家……」她幽幽地說。

「那妳的家在哪裡？我們可以帶妳回去啊！為什麼不直接託夢告知家人呢？」

「我的家在哪裡……我的家在哪裡……」它一直唸唸有詞。「嗚！我想不起來……」它突然大叫，我也嚇了一跳！

「妳慢慢想，附近有什麼地標之類？」

它沉默，然後由大門離開。

「它走了！」我告訴P。

「說了些什麼？」

「沒有。」

日子一天天過去，我們也將這件事遺忘，直到有一個午夜，我收到P的電話，她氣急敗壞地對我說：「我見到它！我見到它！」

我睡夢惺忪地答：「什麼？哪個它？」

「那個少女手足啊！它剛剛出現在我面前！我現在駕車過來接妳，再和它聊一下吧！」P堅持要我馬上到她家，無奈之下我只好起床梳洗。

下樓一坐上P的車，我便發現它就在後座。

「不用回妳家了，它就坐在後座！」我二話不說，跟它交感起來。

「我想起自己住在哪裡了，你們能不能帶我回去？」它要求。

太好了！我把它說的地址記下，然後駕車前往目的地。

那是一個頗偏僻的公寓，四周房子不多。

「下車吧！我們帶妳回家！」

「這樣我回不去的，你們要燒香替我引路呢！」突然殺個我們措手不及！燒香？半夜三更哪裡找香來燒啊？

無奈之下，我們只好先返回我家拿香，然後再送它回家，但為手足辦事，我們還是情願的。

把香點燃後，先把它引出車外，再把它帶回家門前，一路上，它沉默不語，我們也一樣。之後我把香插在它的家門外，目送它穿過大門，返回家中。

雖然整個過程，我都問不到太多，但從這少少、片段的問答中，我知道它是一位為爭取自由而犧牲生命的小手足，而且不止它一個，只是它身後比較幸運，跟得上P，還有許多沒有氣力的無主孤魂，正等待著像我這樣的通靈者去協助。

希望那位少女手足可以安息，餘下的路程，就由我們代妳走下去。

邪靈

清明節前夕，是香港科技大學周同學逝世五個月紀念，在該同學被發現墜下的尚德邨停車場附近，有民眾擺設畫有該同學和另一離世少女畫像的十字燈箱，在有「人數禁制」下仍有少量市民到場悼念，紀念在將軍澳逝世的兩位青年。在疫情下，更有網民發起網上悼念及直播，在八時九分默哀一分鐘。

我和幾個朋友當然去現場拜祭勇士們。可惜在香港警方出盡法寶阻止之下，我們唯有偷偷走上該同學被發現墜下的地方進行默哀。

我們低頭默哀之際，感覺有人拍著我的肩膀，抬頭一看，是周同學，它面色仍舊蒼白。

是的，我們之前就見過面了，我還答應替他辦幾件事，可惜只能辦上兩件事。其他的我到現在還是無能為力。

回家後，心裡還是惦記著周同學，於是我和它交感起來。

「嗯，你好嗎？今晚謝謝你們來探望。」它的聲音聽起來比上次寬容了一點。

「對不起，你託我辦的事，有一些我辦不到。」我泛起淚光。

「沒關係，不用放在心上！」它說。

大家都沉默以對。

「還放不下嗎？」

「嗯！我放不下媽媽！」

「可惜她不會相信我，否則我可以替你傳話的。」

「是的，基於我們的信仰，很難說服她啊！」聽起來它有點失望。

「今晚本來帶了些祭品給你，可惜被在場的警員阻止。」我氣憤地說。

「嗯！我知道的！先謝謝你們的心意。」它說。

「不如我現在燒給你，你到陽台收吧！」說著我馬上找那些本來想燒給它的衣包。

但，找遍整個家也找不到，可能是朋友拿了回家。我打給朋友確認，可是奇怪地每個朋友都說沒有拿回家。「可能掉在現場了吧？明天再去訂。」我心想。

為什麼要訂？不是去買就可以嗎？當然不是，我們盡量希望選擇一些「黃店」去光顧，「黃店」的意思，就是手足、有心人或同路人經營的店鋪。

過了幾天，我收到了「黃店」送來的衣包和祭品，雖然價格上會貴一點，但我還是樂意光顧。我準備晚上燒給它，幾個朋友也一起來幫忙。

晚餐後，我把全部用品搬出陽台，當準備點火之際，居然發現所有祭品和衣包又不見了！剛剛明明放在陽台啊！

「你們別玩，不要收起那些東西！快拿出來！」我已經有點不耐煩。

「不是我們拿走啊！如此大個人，難道還玩這種東西嗎？」朋友們一臉茫然地回答。

我們在家再找一遍，居然在沙發底下找到，而且衣包全都撕開了。我們都感到一陣寒意。破衣包根本不能燒，這意味著亡者收到的會是破衣服！我大概知道發生什麼事，但心有不甘，我不會向邪靈屈服，於是再次訂購祭品和衣包。

又過了幾天，祭品和衣包收到了，我親自將那些東西搬出陽台。即使晚飯時候，我的眼睛也盯著那些東西。到正式想燒給它的時候，卻又發現打火機不見了，無奈之下我只好進廚房拿，前後也不過三十秒，我走到陽台的時候，驚訝地發現那些東西又全都不見了。

我實在不知如何是好，於是我與周同學交感起來，想知道究竟發生了什麼事，但很奇怪，等了差不多四十五分鐘都感受不到它的存在，這事對我來說是從未發生過的。

無可奈何之下，唯有決定不燒了。而直到現在，它沒有再找過我，即使我主動與它交感，也得不到它的回應。

我到現在還找不到解釋，究竟三次的祭品和衣包去了哪裡？而且不止我一個人看到，連我的朋友們也感到莫名奇妙！

另外一個謎是它為什麼就這樣消失了？是投了胎？抑或去了它應該去的地方？這個我真的找不出答案。

傷者

我和幾位同路人都是民間志願救護人員，在整個抗爭運動期間，幾乎每晚都出動。我們親眼目睹那些抗爭者被警方打至頭破血流、被催淚彈襲擊、被打至昏迷，繼而被拖上警車等。而最過分的就是不准我們施以救援，傷者往往躺在地上十多二十分鐘，情況令人感到痛心，至今歷歷在目。

有一個晚上，我們又再次出動。那晚相對來說是平靜的，只有輕微的爭執，警方很快收隊，群眾亦相繼散去。

我們衡量過現場情況之後，決定也收隊回家。一路上，我們都在討論有關抗爭運動的事，途經港鐵太子站，我們突然看見有五名傷者躺在站外，於是我們飛奔過去一探究竟。

他們有男有女，一身抗爭者裝束，口角和頭部受傷。我們馬上扶起他們坐下，可幸的是他們仍然清醒。

「你們沒事吧？為什麼會躺在這裡？」我們一邊詢問，一邊替他們處理傷口，情況有點糟。

「我們在港鐵太子站被打，很辛苦才上到這裡。」其中一位男士說。

其實我當時已經感到氣氛有點奇怪，可以又說不出有什麼不對勁。

我負責其中一位傷者，是一名女士。「還有什麼地方不舒服？嚴重的話我們要找救護車送妳到醫院。」

「我……我的脖子很痛，剛才被打了幾下……」她面帶痛苦地說。

我伸手輕輕摸一下她的頸部，發現很柔軟，像沒有頸骨似的。再幫她量一下脈搏，天！她居然沒有脈搏！我嚇得魂飛魄散！

我肯定這個她……是靈體！

再看看另外幾位同路人救護人員，他們好像在發呆似的，動也不動呆坐在地上，叫他們竟沒有反應！

雖說我不害怕靈體，但在那種詭異的氣氛中，難免會有些緊張和不安。

「妳不用害怕，我們不會傷害妳，只是知道妳有見到我們的能力，所以想請求妳幫忙！」那位女靈體說。

我仍然不敢跟它們交感，於是我裝作若無其事。

「妳真的不用懷疑我們，我們都是抗爭者……」它邊說邊掉眼淚，我不由得心軟起來。

「你們是怎樣死的？被誰弄死的？」我好奇地問。

「穿制服的，你明白嗎？牠們用力用棍打我們的頭和頸！」它說。

我當然明白。那天殺的走狗！

「我有什麼可以幫忙的嗎？可能未必做得到，但我盡力吧！」我說。

「我們想回家，另外希望我們的事要傳達出去，不要令我們白白犧牲……」它流著眼淚地說。

「以我一人之力，我不知道應該如何傳達你們的訊息出去，我盡做就是！至於回家，有你們的名字和家人聯絡資料嗎？」我問。

它們卻突然間沉思起來。

我知道這個問題是多餘的，因為以我的經驗，剛剛死去的人，化成靈體之後，往往都有一段時間會想不起自己的事，只有死前一刻的記憶才會最深，果然……

「我們……我們什麼也記不起來！只記起自己的名字！」我感受到它們的沮喪。

「不打緊，有名字都可以，我可以上網發文查詢的！放心！」我嘗試安慰它們。

「那就好了……」它們在一秒內消失了！

同伴亦清醒過來：「為什麼我會坐在地上？那幾個傷者呢？」他們摸不著頭緒。「我也不知道啊！但這裡有點邪門……」「邪門是正常，這是警局門外……」「這也是八三一太子襲擊事件現場……」我們七嘴八舌討論著。

過了幾天，我聯絡到一些群組，他們有些相信我這件不可思議的事情，並願意幫忙發文，希望借助網路力量，找到那幾位靈體手足的家人。可是日子一天天的過，還未有任何消息，但我們並未放棄，一直繼續把尋人訊息分享出去。

各位臺灣的朋友，究竟八三一有手足犧牲嗎？我可以你們一些暗示：

1. 香港警方曾經發出聲明不能再說港鐵太子站有人死亡。
2. 清除市民設在站外的追思台，並聲明不准再擺放。
3. 市民只是獻花也不放行，會有大量警員看守。
4. 派發免費刊物說明站內沒有人死亡。
5. 不公開完整的CCTV。

真所謂「此地無銀三百兩」。

沙嶺公墓

T2009151、T2014240……一個個曾經真實地活著、有名有姓的人，撒手人寰後，因遺體無人認領，只能化作一串如同囚犯編號的數字，墓碑上沒有照片、也沒有性別、沒有名字，更重要的是，沒有親人、摯友陪他們走過最後一段路。數不盡的無主孤魂長埋沙嶺黃土。

七年過後，每年數以百計的遺體會被撿骨、火化。這一刻，一眾無主孤魂，連僅有的號碼也會失去，所有骨灰會集中混葬在一個面積只約四呎、只以年份為單位的墓碑下，從此結伴長眠……在沙嶺公墓中，連鮮花和香燭也是稀有品，陪伴他們的，只有婆娑樹影和一群渴望遇到血肉之軀的蚊。

沙嶺公墓位處新界文錦渡附近，是一個政府專為無人認領屍體而設的墳地，只見眼前盡是一片青蔥草綠的山頭，一塊又一塊小石碑歪歪斜斜的插在泥土中。冰冷的灰色石塊上，沒有名字，也沒有遺照，只有一組號碼，代表死亡年份及下葬的次序，連是男是女亦無從得知。

下葬時會有超渡儀式嗎？完全沒有，棺木也是政府的標準款式，總之這裡就是接收遺體，然後落葬。相比殯儀館內繁複的儀式，這裡的身後事簡單得多，也落寞得多。這裡每年只有約十具遺體被人認領，若七年內有家屬認領遺體，選擇重新安葬或留在原地，政府亦需向他們收回殮葬費。在沙嶺公墓，只有冷冰冰的程序，沒有一點多餘的關懷。

於反送中犧牲生命的抗爭者也下葬在此。為什麼如此肯定？因為我和一些靈能者也感應得到它們的蹤跡，總數超過兩百位。

今年的鬼月，我跟一大班朋友到此處進行普渡，為犧牲生命的手足送上一點心意。那晚到沙嶺公墓，一下車已經感到陰風陣陣，怨念彌漫在四周；偶爾也聽到一些不知道是動物還是靈界的哀嚎，實在不寒而慄！沿路一直都有很多靈體向我們討吃或有所要求，場面令人心酸。

終於到達墳地，我們放好祭品，待一些法師誦經儀式後，我們就開始焚燒祭品衣包，除了一些年長的靈體，也有很多年輕人的靈體，它們大多數都穿上黑色的衣服；有些是赤身露體；也有些是全身濕透，我覺得很奇怪，於是企圖跟其中一位靈體交感。等了好一會，終於有一位年輕的男生靈體願意跟我交談。

「你是怎麼死的呢？為什麼會在這裡？」我開門見山地說。

「我只記得被一些穿著制服的人打至重傷昏迷，然後醒來就發現自己在海邊，再然後……已經在這裡了，我明明有家人的啊……」它不由自主地哭了起來。

我鼻子一酸：「我們除了做超渡法事給你，還有什麼能幫忙的嗎？」

「我想回家，我明明有家人，不明白為何在這地方？你可以通知我家人來帶我走嗎？」它向我重複了好幾次這句話。

「那麼你可以給我一些資料嗎？名字、地址或電話號碼吧！」我拿出手機準備記下來。

它在沉思中……

「我……我想不起來啊！」它抱著頭大叫起來。

「你再慢慢想，不用急著。」我安慰它。就這樣，我和它對望了十五分鐘：「我先去幫忙燒祭品衣包，你先在這慢慢想吧！」

在燒祭品衣包期間，我見到群鬼出動，因為一直以來都沒有人到這裡做大型的超渡法事，它們餓得發慌，我看得心中發麻。但奇怪地那些比較年輕的靈體則站在原地不動，似並未接受已經死去的事實，幽幽的，可是它們又不肯和我們交感。

大約一小時後，我再到那年輕男生旁邊：「想到了嗎？」

「沒有……沒有想到。」它急得流下眼淚。

老實說，如果什麼資料也沒有，我根本什麼也幫不上，為免它失望，也免得它跟著我，於是我答應它，下次重陽節的法會，我會再來，它可以有時間慢慢地想。

希望它到時能記起吧！

被墜樓

因為「武漢肺炎」的關係（武漢肺炎就是由武漢傳播出來嘛，說什麼新冠肺炎……請原諒我的堅持！），香港實施「限聚令」，所有大型盂蘭盆會也取消了，難怪今年的鬼月，我在街上看到特別多的靈體在閒蕩。

那就只靠我們這些小市民在鬼月多一點布施了。

今年有些不同，因為亡者多了抗爭的年輕手足，固此我特別準備了三倍的祭品以供祭祀，衣包方面也多準備了年輕人的款式。

那天晚上，我和幾位抗爭同路人，一起把祭品燒掉（也燒了三個小時啊），然後各自回家。

又因為今年鬼月多了靈體在街上遊蕩，為免不必要的麻煩，我取消了晚上去跑步的習慣，可是健身中心也因疫情關係暫時關閉，在這情況之下，我只能在家運動了。

晚餐後，我會在家踱步一小時，由大門走去房間，再由房間走去大門前。其間我還會望一下大門的防盜眼（其實沒什麼理由，只是一個反射動作而已），再轉身走入房間。

有一個晚上，我如常在家踱步。大約半小時後左右，我走到大門前，再望一下防盜眼，赫然發現外面漆黑一片，什麼也看不到！於是我打開大門……

我看到一個只有半顆頭顱、身穿帶血白T恤和灰色西裝褲的男子站在我家門前！我嚇得尖叫並隨即關上大門！老實說，我並不是害怕見鬼，只是害怕見到血腥的場景，所以看電影也不會選這類片子。

說回正題，如此可怖的情景，我差點嚇得心臟病發作，不斷喘氣。門後傳來一把男聲：「我請求你看看上一個月的報導，我在遊行中高叫口號，中途警方發放催淚彈……我走避不及，於是被抓起來，然後……然後我就碰見你了！」

我驚魂未定：「你……你是手足？」「是啊！」它用非常空洞的聲音回應我。

安撫一下自己情緒之後，上網搜尋上月一些被香港警方定性為「無可疑」的屍體發現案件，看到一則報導：「一名男子由高處墜下，可能頭部碰到了硬物，而導致只餘半顆頭顱。」而且身上穿的衣服，跟門外的靈體是一模一樣。

我目瞪口呆，究竟它為什麼找上門呢？

「你的真身我實在很害怕，如果你想找我幫忙，就這樣交感就可以了，千萬不要再讓我見到你的真身，可以嗎？」我鼓起勇氣走到大門後跟它說。

它猶豫了一會說：「好吧！就這樣吧！但我真的沒有看到自己變成什麼樣子，對不起。」

「好了，不浪費時間，你為什麼會找上我呢？」

「就在你布施燒祭品的時候，我知道你可以幫忙，所以就跟著你……」我像聽到它嘆了一口氣。

「家人不知道我已經死了，你可以幫忙通知他們，領回我的遺體嗎？」

「你……你是自殺的嗎？」這問題雖然有點白痴，但我還是希望由它口中得知答案。

它沉靜了幾秒：「不是，我只記得自己被棍打穿後腦，然後……然後……我就像空氣般的飄浮……其間我碰過幾個有靈力的人，但通通都把我趕走，所以這次試著跟一下你……」

突然間，我忍不住流下眼淚。

「那麼手足，我該如何找到你的家人？你的遺體在哪裡？」我決定幫他一把，只要不讓我見到真身。

「你把電話和我的名字記下來，找我的弟弟……可以嗎？至於我的遺體，我不知道那是什麼地方，只知那裡有很多遺體，有手足，有其他人，那是一座荒山……」他重覆了幾次這句說話，像害怕我會忘記似的。

「可以啊！我來聯繫你弟弟。」我說。

之後它再沒有任何發問和回應，我大著膽子再看看防盜眼，清晰如鏡，再沒有漆黑一片。

它離開了。

我費煞思量究竟如何打這個電話，但既然答應了它，總是得打。於是我拿起手機，先發了一個短訊給對方。可是對方已讀不回。我再次發另一訊息，強調自己不是騙子，希望對方完成該手足的心願，可惜仍是已讀不回。

更甚的是，對方把我列入黑名單！我心有不甘，找朋友幫忙發這個短訊給對方，可是連他也被設為黑名單了。

在這件事上我已幫不了該名已過世的手足……

又過了數晚，我正想上床就寢，突然聽到有人拍大門的聲音：「手足……手足……」非常哀嚎的聲音，我心頭一震。走到大門後我對著門外說：「手足，我幫不上忙，你弟弟把我黑名單了，找不到他，他應該不相信我吧！」

它停頓數秒，發出一陣哭聲，由近至遠，直到任何聲音也聽不到……從此，它再也沒有找我了！

「那個女人」

二〇二〇年二月五日，看見朋友在臉書上的一則貼文，痛罵把香港搞得滿城風雨的「那個女人」一頓，懷疑她是否因為有靈體附身才會做出喪盡天良的行為。

我知道「那個女人」已讓他忍無可忍，因為我從未見過他在臉書寫這類文字，忍不住打電話告訴他，我曾經看到的畫面。

老實說，我對「那個女人」沒有好感，連她的尊容也不想看到，每當有她出現的時候，我都不會看電視畫面，純粹聽她廢話。

二〇一九年十一月的某天，我由家中廚房走入客廳，眼角看到「那個女人」又在電視上發表偉論了，那厭煩的程度，簡直令我……慢著，有點古怪。

「不需要那麼多貼身保鑣吧！」我看見她的背後站著很多穿黑衣的人，但面目模糊。

我好奇地往前看清楚，天呀！那些「貼身保鑣」除了身穿黑色衣服外，還有穿T恤、牛仔褲的、有滿身濕透的、有的頭部還歪了一邊！當中有一位少女身型和她那對大眼睛比較清晰……我記得那位少女——是那位無辜地飄流在海上、全身赤裸的少女！

我確定從電視上看到的全是鬼魂！是一群為抗爭而犧牲的人！我不禁流下眼淚，我嘗試跟他們作出交流：「你們跟著她做什麼呢？有什麼事可以幫忙？」

「妳不用理我們，只要大家集氣，就會成功！」其中幾位靈體回應我。

我百思不解：「究竟是誰集氣？為什麼要集氣？」可惜等了很久，他們並沒有再回應。

自此以後，凡有「那個女人」出現在電視，我就一反常態地去看看，究竟還有沒有靈體跟著她，結果我發現越來越多，弄得畫面顯示快變成全黑，人數之多，可想而知。

過了不久，外界傳出她患癌的消息，不知道是不是多人／鬼集氣詛咒所致。

借用我朋友的一句說話：「別讓鬼魅纏身，唯有磊落做人！」正所謂，冤有頭，債有主，舉頭三尺有神明，切莫行惡作怪……

卷二

萬物有靈

穹蒼之下，信念有靈，離世前的眷戀是靈，怨恨抑是靈，當靈體藉著實體有了意圖，能夠操縱自然現象甚至影響人類行為，故事就此發生。

髮

今天上髮廊整理頭髮，讓我想起兩件關於頭髮的靈異事件。

朋友J為了迎合男朋友對長髮的偏好，因此決定去做接髮。她查詢了很多家髮廊，發現價錢都超出預算，所以非常懊惱。

皇天不負有心人，她終於找到一間專門做接髮的小店，價錢非常相宜，除了有很多不同長度的頭髮可以選擇之外，最吸引她的，是該店保證只用真髮。

利用真髮和假髮去接髮的分別，在於光度與質感，假的在接髮後，在燈光下會出現反光，感覺很不自然，不能融入真髮之中；且假髮的尼龍成分較重，會對本身的頭髮造成負擔，容易產生脫髮問題。

那天總共花了三個小時，坐得她整個人瘦痛無比，但可以換來一頭長入腰際的頭髮，整個人飄逸起來，感覺興奮非常。回家後，男朋友對她的稱讚，更是史無前例的好，令她感到呆坐三小時都是值得的。

可是有一天……

「我的頭髮在接髮後，出了點問題！」她在電話另一端啜泣著。

「打結？脫髮？」我猜想說。

「不是，自從做了接髮後，我每一晚都做惡夢！夢見不同的人，都沒有頭髮，向我討頭髮！而且……」她吞吞吐吐地道。

「而且什麼？快說！」我開始不耐煩。

「而且我的頭髮有一陣屍臭味，無論洗多少次，用什麼洗髮產品，灑多少香水，都脫不掉那種教人噁心的味道！連上班也要束起頭髮和戴上帽子！」她說。

我當然知道是什麼原因，試想真髮從哪裡來就知道了。但我不想把她嚇壞：「把那接上的頭髮拆掉吧！不是人人都適合接髮的。」

隔天，她就去把那頭長髮拆了，跟著所有事情回復正常。記著，接髮是可以的，但千萬要去信譽良好的店，且別貪便宜啊！

另一個朋友K，很喜歡戴假髮，因為覺得很方便，可以隨時改變髮型。

有一天，她在網路商店看中了一頂假髮，越看越喜歡，不加思索地把它買下來。等了一個星期，那個假髮終於到手，戴在頭上，真的美得令人窒息！但……這純粹是她自己認為的。

朋友們看在眼裡，可不是這樣，那頂假髮有種令人不敢正視的恐怖感覺，但又說不出原因。

最終她經不起我們的投訴，把那頂假髮丟掉。

朋友B說，某些國家在火葬場工作的工人，會在棺木等待進入火化爐的時候，偷偷打開棺木，把陪葬品偷去變賣，從中獲利。而陪葬品當中，包羅萬有，其中自然也包括——假髮！

短訊

我以往總光顧一家化妝品牌的專門店，因她們的服務態度很好，我又是VIP會員，每有新產品推出，她們都會第一時間發短訊通知我。而且其中一位櫃姐H，我對她很滿意，每次去到店裡都會指定找她服務。

打從中國經濟開放，肯花錢的人多了，而且多了內地自由行的關係，服務一名陸客等於要服務三名港人才有相對應的傭金，所以，她們對香港人的熱情和服務態度已經大不如前，因此我也沒有再去光顧。

可是隨著香港雨傘運動之後，加上中國實施打貪腐，明顯地少了陸客來港消費，令以往依賴陸客消費的品牌又紛紛把重心轉回服務本地人。

有一個深夜，我收到一個短訊，竟然是H，她已經很久沒有發短訊給我了。

她首先向我問好，然後告訴我公司將有新產品推出。我沒有回覆她，因為我仍然生氣：「沒有生意才找我嗎？我才不理妳！」

自此，我差不多每隔一晚就會收到她的短訊，當然我仍然沒有回覆她。可是過了大約一個月，她仍然有發短訊給我，但已經不是通知我有新產品，而是告訴我她的私事。

我認真看了，內容大致是自己生病、丈夫提出離婚、很擔心兒子等等。我看過後不忍心，於是回覆並鼓勵她凡事向前看。

她回覆說感激我，跟著我們就用短訊像朋友般聊了起來。只是有些奇怪，她每次找我總在深夜，就算我早上醒來回她，她也是等到深夜才回我。「可能下班晚了！」我對自己這樣說。

「出來吃飯再談吧！午餐或晚餐也可以！」我提議。

「我很忙，對不起！」她回應。

開始讓我奇怪的是，她從來不留口訊給我，打電話也不會接，為什麼呢？這引起我的好奇心。

終於有一晚，我再提出到店裡去找她，因為化妝品用完了，既然她再次找回我，也應該再去光顧她。

「不用了，我已經沒有在那個品牌上班，妳千萬不要來。」她再次回覆。

「那不要緊，妳現在在哪個品牌上班？我可以去幫妳捧場！」然而，自此之後，她就沒有再回應我了。

半年過去，我已漸漸忘了這件事。

那天，我約了朋友去某商場喝下午茶，想起我的化妝品已經用完，剛巧H以前上班的店也在該商場，於是燃起我的好奇心，決定去查問她的舊同事。

「請問H現在去了那個品牌呢？我想找她啊！」我進店去詢問那三個百無聊賴的櫃姐。

「啊！H嘛……她去年的年底走了！」其中一位對我說。

「我知道她走了，所以我想問妳們知不知道她去了哪個品牌，我想找她呢！」我再次說明自己的來意。

「不……我意思是H在去年的年底已經過世了，是癌症。」那櫃姐認真地說。

我聽到後呆若木雞！太不可置信了，我們的短訊對話至今我仍保存，但與我傳訊的她是在哪個時空？

心念

我很喜歡穿球鞋，家裡不下數十雙，只痛恨自己「鞋太多、腳太少」。但誰會想到，只是因為一雙心頭好，也會招惹上靈體！

某天，我去某大型商場閒逛，在某球鞋品牌的店內被一雙球鞋吸引，它是一雙黑色、印有櫻花圖案、而且還是日本製的球鞋，我眼睛閃出了亮光。

以我穿球鞋的經驗，日本製的比中國製的舒適，而且比較耐穿，最重要的穿上它的外觀設計很漂亮，在外出時，很少機會遇到跟別人撞鞋的尷尬場面。

「請問有我的尺碼嗎？」我拿起那雙球鞋，滿心歡喜地向那彬彬有禮的男店員查詢。

「好的，我進倉庫看看，請稍等一下。」然後他就轉身進去。

過了數分鐘，他從倉庫走出來：「對不起，這雙鞋已經沒有你的尺碼，我也查了其他分店，也都沒貨了。」

聽到這個回覆，簡直失望到極點。

正想離開，忽然有另一位男店員，氣喘吁吁地由倉庫跑出來，手裡還提著一個鞋盒，向那服務我的店員說道：「找到了，是之前一位客人預留的，可是她已經兩星期沒有來取了，打電話通知又停了號，你也知道公司的規矩，客人預留商品只可以留一星期，你的客人還要嗎？」

皇天不負有心人，念念不忘必有回響，這正是人生的大道理。

馬上試穿，那鞋子的合腳程度，根本就像為我而訂製似的！不得不馬上把它帶回家。滿心歡喜地走出店門口……怎麼怪怪的？總覺得被人跟蹤似的，感覺超不自在！那個裝球鞋的紙提袋，在從鞋店到商場門口的短短路途中，已斷了三次，其間我還折返店內更換另一個紙袋，但情況還是一樣！那只能抱著那袋球鞋，那紙袋的質量確實差到令我差點瘋掉。

「今晚就穿你去跑步吧！」我抱著那袋鞋子在車上自言自語。

晚上，我穿上那新的球鞋去跑步，感覺自己變得像跑步高手！但當一出大門，就發現有一個短髮、身穿白色套裝裙的女生呆站在我家門前，眼神極不友善，好像要罵我似的。

當然我知道它是一個靈體，只是不知道它從哪裡來，為什麼要用如此憤怒的眼神看著我。經一事長一智，我沒有主動跟它溝通，心想「由得它吧！只是遊魂一個。」

開始跑的時候，它就一直在後面跟著我，可以說是寸步不離，我感到非常厭煩，可是仍然不想跟它溝通，無奈之下，只好縮短跑步時間，打道回府。

穿新的球鞋去跑步有一個煩惱，因為它需要一點時間去適應你的腳型，因此第一次穿上之後，腳踝會有點兒疼痛。所以第二晚去跑步，我換了另一雙球鞋。

那位女生靈體，依舊站在我家門前，但這晚它非但沒有用憤怒的眼神看著我，而且也沒有跟在我後面。「不理它是對的」我心想。

過了幾晚，我又穿那雙新球鞋去跑步了。它和第一晚相同，又是那憤怒的眼神，又是那窮追不捨的步伐！

究竟是怎麼一回事？

腦袋在交戰，既不想跟它溝通，可是又壓制不住自己的好奇心。

在床上輾轉反側，想了一整晚，忍不住想入睡時，頭部像給人敲了一下「叮」，是不是跟那雙新球鞋有關呢？

我決定測試一下，把球鞋交替地換去跑步，結果如我所想的一樣。沒有辦法，我試著與它溝通。一問之下，我大吃一驚！

原來它也是愛球鞋之人，非常關注球鞋的潮流資訊，當它知道該品牌即將推出櫻花款式系列，就前往該店預訂，因為患有心肌梗塞，過二天就要做手術，心想術後就可以拿取那心愛的球鞋，可惜人算不如天算，它並沒有醒過來，現在仍躺在醫院接受觀察。

它念念不忘那雙球鞋，所以它的「靈魂」飄出身體，每天都在該店守護著那雙球鞋，而偏偏被我買走了，所以它就跟著我，因為它覺得鞋子是它的。

嚴格來說，它不是「靈體」，而是「靈魂」，利用離魂這方式去企圖拿回鞋子。可是，靈魂又可以做到什麼呢？

「既然是妳的心頭好，就把它還給妳，只要不介意我穿過。」我可不希望跟靈魂爭奪任何東西。

「真的嗎？我很高興，我不介意妳穿過，能送到醫院給我嗎？」它終於露出笑容。

它告訴我所需要的資料，然後我把鞋子清潔過後，第二天就把鞋子送過去。

病床旁邊，有一位女士坐著，神情憔悴，雙眼通紅，想必是它的母親。我先介紹一下自己，然後說：「我是妳女兒的朋友，在她未昏迷前訂了一雙球鞋，現在收到了，我特意拿來給她，好等她醒來就可以穿上！」

伯母含著眼淚收下，我並沒有再問太多，畢竟和它只是萍水相逢。

從此我就再沒有見過它了，不知道她醒過來沒有呢？

禮物

我從不介意穿二手衣物，只要乾淨美觀、有徹底消毒就可，當今世界最有名氣、最值得信賴的二手店，就只有在英國和日本，故我經常飛去當地尋找心頭好。至於香港的，就別提了。

有一年我要到汕頭出差驗貨。晚上工廠的老闆劉先生請大家去吃潮州菜，很是美味。「妳穿什麼碼的外套？」劉先生突然問我。以為有些外套貨件要交辦給我，於是我回應：「三十八碼或中碼我也可以穿得到！」第二天晚上，飯後我們回飯店休息。門鈴忽然響起，是劉先生。「有一件外套送給妳，全新的，我妹妹還沒穿過！」他向我遞上一個黑色紙袋，內有一個黑色大盒……噢！是一件名牌外套，還是我喜愛的品牌。

「太貴重了，我不能收的！」

「沒關係，反正現在她已經穿不上了。」

在一番你推我讓下，我收了那份「禮物」。把盒子從紙袋中拿出來，打開一看，是一件該品牌的「簽名式」粉紅色外套，試穿上身，喜歡到不行，吊牌還未剪呢！

過了幾天，就帶著這份「禮物」回香港。

對於衣服，我有一個習慣，比較便宜的，我會掛在衣櫃左手邊的一格；比較貴的，會放在衣櫃右手邊的一格。由於回港後比較忙，所以並沒有立刻把那外套掛起，過了幾個星期，我才有時間整理自己的衣物。

由於較貴的衣服已經塞滿衣櫃，心想是時候收拾清一些出來拿去做義賣，所以我把那件外套暫時掛在另一邊衣櫃。

一宿無話。

第二天起床，赫然發現我的平價衣服散落一地，只有那件外套原封不動的掛在衣櫃內！原以為是妹妹找我的衣服穿，不小心所致，為免不必要的爭執，只好默默把散落的衣服掛好。

下班回家，一打開房門，又是平價的衣服散落一地！但妹妹還未回家，媽媽也不會無故去翻我的衣服，究竟是什麼一回事呢？這怪異事故重複了約一星期。有天我突發奇想：「如果把那件外套掛在高價衣服的一邊，會如何？」

第二天醒來，衣服竟沒有散滿一地，我直覺是那件外套作怪。

這天晚上，正睡得香甜，突然感覺到有人坐在床邊，輕手掃我的頭髮把我弄醒，是一位高貴的中年女士，身穿黑色名牌外套和裙子，還有一串該品牌的「簽名式」珍珠頸鍊！

這突然的出現，嚇得我整個人彈了起床，但環顧四周，又見不到那位女士！

起床後，發現天氣涼了很多，於是我就穿上那件外套上班。很奇怪地，上午上司和同事總無故地責罵我，令我整個上午總是帶著不爽的心情工作。不知是否氣上心頭，身體熱了起來，於是把外套脫下，說也奇怪，我下午不但沒有被針對，上午罵我的人都向我道歉，並送上我喜歡的甜點做下午茶！

我帶著疑惑的心情回家。也是一樣，晚上好夢正酣，那位女士又再把我弄醒，但今次它實實在在地坐在我床邊，用非常優雅的聲音說：「很好，我哥哥沒有送錯那件外套給妳……」

雖然我不害怕靈體，但一人一鬼共處一室，而且還坐在我的旁邊，心情難免緊張起來。

「既然這件衣服是妳的，我該如何送回給妳？」我有一點心怯。

「不用了，我知妳會好好珍惜，外套我本來是留待聖誕節穿著，可是我等不到，因此我也希望妳留待聖誕節時穿它！」她優雅地說。

我答應了她。

打電話給劉先生查問外套的來歷，他說：「是我妹妹的，她因癌症走了，我見她的外套還未剪牌，推想是全新未拆封的，所以才轉送給妳，不要浪費嘛！」

真相大白。

時間過得很快，聖誕節來了。其間買了一件新的外套，我竟忘了跟她的約定！

那晚她又來了，幽幽對我說：「妳忘了我倆的約定！」

我猛然想起曾答應過她聖誕節要穿她的那件外套！「對不起！給我一次機會吧！我明天補穿！」我躺在床上動彈不得。

「好！別再爽約了！」說畢她馬上消失，而我也可以動起來，馬上去找筆和便利貼，寫下聖誕節要穿她的那件外套，然後貼在衣櫃上。

一年又過去，聖誕節來了，我一定記得要穿上她的外套……

和服

我並沒有因為那件名牌外套而放棄去買中古衣服。

話說我很喜歡日本的和服，平常用來當作外套，搭配破舊的牛仔褲和T恤（對，我愛古靈精怪的打扮），非常帥氣！我已經擁有三件，每件都愛不釋手。

和服是日本自幕府時代起，對其本土衣裝的稱呼。現代日本和服可分為皇室服制和國民服制。國民服制是一九四一年文部省制定《國民禮法要項》中的國民禮服，德川家康時期正式稱為和服，又被稱為武家著物，包括平民男子禮服紋付羽織袴、帷子和女子長著等。而皇室服制源自奈良時代中期以來日本本土彌生服飾受漢唐漢服、吳服影響的公家服制的考證，又被稱為公家著物。「著物」起初泛指衣服，隨著洋服（ようふく）進入日本，日本國學運動興起，本土傳統著物逐漸改稱「和服」。

某一年的冬天，我到東京旅行，順道到二手衣物店看看有沒有機會找到心頭好。相熟的店員給我一個詭異的笑容：「新貨到著！」說畢就領我到店內其中一排衣架，「全是古董啊！妳慢慢挑。」

「是同一批的嗎？」心想如此漂亮的和服，一定是來自富貴人家。

「是啊！全都是出自同一戶人家！」店員說。

噢！有平實的、有高雅的、有刺繡的……應有盡有，我看得心花怒放。我左挑右選已經花了近一個小時，終於找到一件心頭好：一件青綠色、繡了美麗的孔雀，配置白色的領子，但看看價錢牌，不得了，我可以買件名牌外套！

「因為是古著，所以價格會貴一點，但我敢說每款都只有一件！賣掉就沒有第二件！」店員認真對我說。

左右腦在交戰……終於投降，拿出信用卡！我從未買過一件如此貴的衣服！「我一年內也不會再來！不會買其他衣服！」我對著店員苦笑說。

識途老馬都知道，日本的中古衣物店，所有貨品都會消毒清潔後才會賣給客人，當然客人還不放心的話，可以自行再乾洗衣物一次，我倒沒有這個習慣，因為我相信日本人的執著。

第二天，我穿上這件古董和服到附近的「乃木神社」參拜，順道把舊的御神札交回神社，再買一個新的帶回家。

乃木神社社格屬於府社、別表神社，主祭神則是乃木希典及乃木靜子。有關乃木神社的由來，眾說紛紜，比較可信的是在一九一二年七月三十日，明治天皇駕崩，翌年九月十三日，乃木希典將軍先把夫人乃木靜子殺掉，再自行切腹殉葬。當時，不少民眾前往悼念，原本該處叫作幽靈坂，後來更名為乃木坂。當時的東京市長成立了中央乃木會，在乃木將軍的府邸內建立了一座小神社來祭祀兩人。

一九一九年，乃木神社的設立獲批，中央乃木會購入了部分木戶幸一府邸等土地，在明治神宮建成後開始興建乃木神社，設計者為大江新太郎，最終一九二三年十一月一日舉行鎮座祭，皇太子裕仁親王在同日向神社下賜了御菓子。神社曾在一九四五年東京大轟炸中焚毀，一九六二年時重建。

當我參拜完畢後，坐在附近找石櫈子上看看剛求的籤文。正當我抬頭想鬆一鬆頸部的時候，看到一位女士，她穿上整齊的和服，配合誇張的日式髮型，活像日本大河劇的女主角！我覺得這位女士很眼熟，但又說不出究竟在哪裡見過她，突然間，只是一眨眼，她在我面前消失了，我馬上意會到她是一個靈體，一個古代人的靈體！

眾所周知，日本神社是有墓地的，我不想理會太多事，於是我離開神社，去找拉麵吃。我一直在想那位女士究竟是誰？因為我肯定見過她，問題在於在哪裡見過。

既然想不到就不想吧！我愉快地繼續下一個行程。回到香港，某一個深夜，突然感到肚子餓，於是去廚房弄點吃的。在等水滾的時候，無聊望出窗外，突然又見到那位女士站在我的前面，大約距離二個車位，但是眨眼之間，又消失了！

「該不是從日本跟著我回香港？」我心想。抽著菸在想，究竟發生什麼事？我摸不著頭腦。但一瞬間，我的腦袋像被雷劈了一下，我想起了……是乃木將軍的妻子乃木夫人！我馬上上網找尋她的資料，是的，那靈體就是乃木夫人！

乃木靜子，是將軍乃木希典之妻。幼名湯地志知，父親湯地定之為醫師，明治六年（西元一八七三年）十四歲時進入東京府麴町女學校就讀。明治三十七年（西元一九〇四年），乃木的次子保典和長子勝典先後死於戰爭，為國捐軀。一九一二年明治天皇大葬，乃木希典殺死妻子之後切腹自殺，夫婦同為天皇殉節。

自那晚起，直到現在，我再沒有見過她。想起那件和服，是跟乃木夫人有關嗎？這……我不知道。

水漬

二〇一七年五月，一名休假的救護總隊長在橫瀾島潛水期間失蹤，水警輪艇及海事處船隻在附近水域搜索，可惜並未有進一步發現。這位失蹤的救護總隊長，於二〇〇六年獲頒長期服務獎章，二〇一八年即將退休。據悉，他趁休假與四名友人坐船出海到橫瀾島，其間他獨自潛水後失蹤，友人慌忙報警求助。消防派出滅火輪及潛水組人員到場搜索，惟至今尚未尋回。

他就是我很尊敬的大哥哥「呀跛」。因為他小時候參加男童軍，有一次在活動中不小心把腳弄傷，但他居然還一拐一拐地去參加其他活動，所以人人都用這個化名去取笑他。

認識他已經很多年，眼見他在工作上一直很努力，由一個救護人員晉升至救護隊長，而且還準備退休，他對我說過，退休後的生活就是教潛水，我多麼希望能見證這一天來臨，可惜人算不如天算。

我每天都很想念他，但又不敢做通靈，因為只要一天找不到屍首，我可堅信他依然在世，可能被漁民救起，暫時失憶罷了！

我知道這只是對自己心靈上的安慰，但總叫做有一個希望。

在他失蹤後大約一個月左右，我家門前經常有一灘水漬在地上，抹了之後，不久又會再出現，已經找了工程人員檢查，可是又沒有發現任何漏水、滲水問題，我心生奇怪，但又找不到原因。

直到有一個深夜，我正想上床就寢，突然聽到一把微弱的聲音不停在叫我的名字，經驗告訴我這不是好兆頭，於是我跟著聲音發出的方向，去看個究竟。聲音源自大門外，於是我看看防盜眼，赫然發現一個全身濕透、著潛水裝備的人站在門外，我的眼淚已經忍不住流出，因為我知道是「跛哥哥」！

「你千萬別開門，有一件事情想拜託你……」他知道我已經在大門的另一邊。

「可以啊！什麼都可以幫你去完成！」我邊流淚邊說。

他慢慢道來，像呼吸困難般：「你找我姊姊，叫她替我做招魂儀式，把我帶回家，現在的我很辛苦……我想回家！」

「可以可以，但是我沒有你姊姊的電話。」他告訴我一個電話號碼：「這是她的手機號碼，你打給她吧！過兩天我再來找你。」

我已經泣不成聲。

第二天我照著「跛哥哥」給我的手機號碼，打給他姊姊，可惜……

我在客廳沙發坐了兩晚，「跛哥哥」也沒有找我，當我正在乾著急的時候，他的聲音又在大門外響起。

「我已經依你吩咐，打電話給你姊姊，可是她不相信我說的，還把我臭罵了一頓，我嘗試再打電話給她解釋，可惜她已經把我的電話號碼封鎖了……」我如實反映給他知道。

他聽後沒有作聲，只聽到他在哭泣，而哭泣聲隨著分秒離開我的耳邊越來越遠，直到我再聽不到門外有任何聲音，我再看看防盜眼，已經不見他的蹤影了！

直到今天，他沒有再來找我，而我，只能略盡棉力去替他誦經超渡，其他的我什麼也做不到……

土地牌

（香港常見住宅門外擺設土地公牌位，因為民間相信「有土斯有財」，除了將土地公視為地神之外，也視之為財神與福神。）

我一直反對人們隨便在香燭店內買那些土地牌或神主牌位回家供奉，因為沒有經過靈能者開光，這很容易出問題。

E是我一位常常見面的朋友，由於他父親年事已高，經常有些老人病出現，媽媽因為太擔心，道聽塗說地買了一個土地牌回家。眾所皆知，土地公應安放在大門外，目的是阻止遊魂進屋，但她居然放在家中的飯廳。

怪事就由安放土地公開始發生。

首先，是家裡無故失火，整個廚房燒掉；重新裝修後又水管爆裂，弄到全屋淹水；接著屋子裡的木地板出現白蟻，需要把地板拆除更換，這樣好幾個月下來，讓他們疲於奔命。

但這些都只是前菜。

有一晚半夜，他父親起床上廁所，發現有人正在洗澡，於是折返客廳坐著等待，不一會，E也因為內急，起床如廁，冷不防碰到老父：「爸，這麼晚為什麼在這坐著？」「我想去洗手間，但不知道你們誰在洗澡。」父親一副很急的樣子。「有人用廁所？妹妹和媽媽已經睡了……」他輕輕打開妹妹的房門，見她睡得香甜；再看看父母的房間，母親也沉沉地睡著。

這時，他想到鬼怪這回事。雖然有點怕，但還是大起膽子走到廁所拍門，門給推開了，裡面空無一人，但蓮蓬頭正開著，且被推至最高溫，弄到整間煙霧瀰漫。E花了些時間，才能進去關掉蓮蓬頭。

「爸，可能你搞錯了，裡面沒人！你趕快去吧！」安撫老父親後，E心中直犯嘀咕，「到底發生什麼事？」

有一天，媽媽正想進廚房，突然有人從後推她一把，她一個踉蹌向前撲倒，同時也把爐上的煲湯推倒在地，不幸中之大幸只是燙傷小腿，塗些燙傷藥膏就無大礙；而妹妹每晚做著同一個惡夢，有一個女人強硬地逼進她身體裡面，且公司生意一下子無故下滑，弄得她心神不寧；至於E，也好不到那裡，每晚伏案工作時，總感覺有雙眼睛在背後盯著他；而且每晚都在做春夢，據他所說：苦不堪言。

我當然不懂他受哪種苦（笑）。

漸漸我發現一件怪事，每次打電話到他家，背景總是很嘈雜，好幾次還聽到有個女聲在他旁邊，催促他掛線。一天我忍不住問他，他非常驚訝。

「你家有鬼，我確定，問題是什麼時候招惹回來？和它們究竟想怎樣？」我跟幾個朋友在一次飯局中，一起分析事件。

「讓我想想……」他陷入沉思中。

「應該是從我媽安放土地牌後，怪事就一直發生！」

「那土地牌是從什麼地方供請回來？」

「那不算是供請，是我媽從香燭店買回來。」他說。

「那事情大了，沒經過儀式，土地公就不會到位，但你們又不理照樣上香，吸引了一些遊魂野鬼到你家；再來，土地公應該放在大門外，沒有人會放進屋子裡的。」我解釋。

E想了一會，「那我回家叫我媽，把那土地牌送走吧！」

過了一些時日，我想起這事，「把那土地牌送走了嗎？」我問。

「沒有，我媽好像給那土地牌迷住，我一說要送走它，我媽立即發狂似地抱著那土地牌……」E說。

「妳能幫我做傳譯嗎？我今晚想去E的家裡看看！事情已經鬧大了！」其中一位懂六壬的師兄B想幫忙，因為我能跟靈體溝通，所以希望我能幫忙。

當晚十一時左右，我們一行人來到E的家。大門一開，天呀！四百尺的房子，塞滿了靈體。情景非常震撼，嚇得我要死，馬上告知師兄B我所見。

「你家的地主沒有經過開光請神就位，現在土地牌已被靈體霸占，非清走不可！而聽你所說，你媽媽好像被迷惑了，所以她也要清完再封身……」師兄B說。

「如何清走？」我問。

「清走那土地牌是必要的……」師兄B還未說完，E已經提出反對，因為他之前試過提出把那土地牌丟掉，結果他媽媽像瘋了似的，拚命護住那土地牌，E不想再刺激他媽媽……

「待你媽去上班，我們把舊的丟掉，再放回一個已開光的在門外，不就可以了嗎？」我提議。

他們齊聲說好，但又有另一道難題，就是E的媽媽已經被靈體迷住，如何說服她去清身？

「別想太多，做完之後再想辦法！」師兄B說。

那天晚上，在E的媽媽上班後，我們就去他家辦事，過程非常順利，我們把舊的土地牌清走，再請已開光的土地牌就位，再超度那些路過暫住的靈體。當以為所有事情都妥當的時候，我看到有一個女靈體由E的房間走出來，目露兇光：「我是不會走的，我喜歡那個男的！」它指向E。

我把此話告訴師兄B，E嚇得顫抖起來：「我不想死，你們要幫我！」

這一晚我就充當一位傳遞訊息的小兵，糾纏了三十分鐘，師兄B說出「把你打散」這句話，才教那女靈體願意跟師兄B回去道壇。

一宿無話。

隔日，E喘著氣致電給我：「不得了，我媽像失常般把那土地牌搬回家！發瘋似地罵我換了另一土地牌！」

E媽媽從何得知，我們換了另一個土地牌？

「你們快點來！我快控制不了這場面！」

馬上致電師兄B，一起出發到E的家，一進大門，已經看到另一個女靈體依附在E媽媽的身邊，然後對我說：「我好不容易才找到落腳點，為什麼要趕盡殺絕？」

因為E媽媽每天定時上香，去供奉一個沒有神坐陣的土地牌，遊魂看到了，不用到處去，就依附在J家。

經過了約四十分鐘的溝通，但它始終抵死不從，師兄B無奈下，只好把它收進一隻雞蛋內，再帶回神壇好好教化。

過程真的很神奇，我親眼目睹那女靈體，突然由實體轉化成一縷煙，再被吸進雞蛋內，情況詭異。

E媽媽清醒過後，對剛才發生的事像電影斷片一樣，忘記得一乾二淨，我們把事情告訴她，她露出驚嚇的表情。

自此，E家的土地牌就安放在大門外，雖然怪事沒有再發生，但一家人的運氣就差得不得了。

迷你倉

因為家裡有太多甚有紀念性的東西，所以我在社區附近租了一個迷你倉放置它們。但我從來沒想到這種迷你倉居然會有人放置一些怪異的東西。

先聲明，我不能肯定倉內究竟放了些什麼，我只是寫出我所看見的，其他就讓大家自行想像吧！

我懷疑其中有兩個倉內，放置了一些奇怪東西。

有一個倉是一個神壇，內裡放了幾個大的泰國佛像和無數的小佛牌。我曾經見到有類似泰國師傅的人在打坐和對著那些小佛牌燒香及唸經。有一次我到倉裡放東西，一入大門就見到很多小朋友跑來跑去，正當我疑惑為什麼會有那麼多小朋友的時候，我看見有些小孩穿過該倉的大門，那一刻我了解了，它們全都是靈體。

「姐姐，我們很餓！可以給我一點吃的嗎？」有一堆小朋友在拉著我的衣服說，狀甚可憐。

因為有接觸小孩靈體的經驗，所以就答應它們：「好好好，我現在去買些吃的給你們。」我跑去附近的超級市場，買了一些餅乾、糖果和鮮奶回去。

再返回倉，它們真的在等著我，我把食物全部打開放在地上，它們見到之後，就一窩蜂去搶食，場面讓人心酸。

我去查問接待處職員，那個倉的倉主究竟有多久沒有回來？她查一查電腦說：「已經有三個多月沒回來了，有事嗎？」

怪不得那些孩子靈體會如此飢餓！究竟那個倉是不是專門放泰國古曼童？我，尚無定論。

至於另一個倉就更奇怪，每次經過都會見到一個老婆婆坐在倉口，一身壽衣裝扮，一看便知它是靈體。我知道它對我沒有惡意，於是有一次我就上前問它：「婆婆，為什麼妳會在這裡呢？」

「噢！妳見到我嗎？對不起讓妳看見了！沒有嚇怕吧！我也很久沒有跟人閒談，我是住在這裡的啊！我兒子帶我來這裡的。」它娓娓道來。

它的答覆令我感到非常驚訝！不會吧？哪有人會把先人的骨灰罈放在迷你倉？簡直不敢相信！

至於另外有些倉，我知道是放置先人遺物，因為我曾經有一次，路過一個倉，倉的門口貼了一張我看不懂的字條，但也不像符咒，我真的不知道是什麼，於是我好奇地貼近去看看，突然有一個老伯的聲音，非常凶惡地對我說：「看什麼？想偷我的東西嗎？快走！」當然，我的四周並沒有其他人。

你們覺得迷你倉還會放置什麼奇怪東西嗎？

懷孕

大家相信動物有靈魂嗎？

朋友需要出差一個月，問我可不可以幫他照顧他的貓，幫他餵飼，我當然義不容辭，反正我有空，大家又住在附近，尤其他養的是黑貓。

我愛貓，特別是黑貓，愛牠有一種神秘和性格的感覺，特別是在黑暗中……

我如常地上去朋友家照顧黑貓，但從那天開始牠就有點古怪，老是喵喵叫，但我已經照足朋友吩咐，每天三餐貓罐頭，另加乾糧隨牠吃，照道理應該不會肚子餓，所以我不知道牠究竟喵什麼。

另外就是，牠常常專注地看著牆角，好像發現什麼似的。剛開始我以為牠看到靈體，可是我又完全看不到有什麼奇怪的東西在朋友家，於是排除了這個可能性，畢竟動物的行為模式，我們人類知道的並不多。

有一個晚上，我上去餵飼和清潔後，累極之下就在沙發上倒頭大睡，朦朧之中，我聽見很吵嘈的聲音，像是有兩頭貓跳來跳去似的，我勉強睜開眼睛一看，見到有一頭白貓……對，是一頭雪白的長毛波斯貓。牠倆一時在你追我跑，非常興奮；一時在互相舔毛，相當溫馨。

我以為自己在發夢，別過頭又再睡。

一覺醒來已經是清晨，突然覺得呼吸困難，哈！原來黑貓睡在我身上，不想弄醒牠，那只好默默地躺著，回想昨晚做過的夢。

沒多久黑貓睡醒，嚷著叫我開罐頭給牠吃……這時我赫然發現地上出現許多白毛，我沒有眼花，為什麼會有白色的毛？

於是我把地上的毛掃起來，真的，是一大堆白色的毛，我馬上想到昨晚的夢，也聯想到動物靈這回事，但我朋友從沒有飼養過白色的貓，那貓靈從哪裡來？我找不到頭緒。

一星期過去，朋友出差歸來，我也功成身退。時間過得很快，一個多月後，有一天朋友致電給我。

「在我出差的那個星期，妳有把貓帶出去嗎？」

「當然沒有，貓不像狗，不用外出的。」我輕描淡寫地說。

「那……有給其他的貓進來嗎？」朋友用非常疑惑的語氣問我。

這時的我有點生氣：「沒有啊！我怎會把其他陌生的貓放進你屋子裡，你到底懷疑我什麼？」

「對不起，我語氣大了點……但……但黑貓懷孕了！我見牠肚子漲漲的，於是帶牠去看獸醫，醫生居然說牠懷孕了！」他驚訝地說，而我也不懂得回應。

「那……你打算怎辦？」我壓著驚訝的感覺問他。

「嗯，反正都是生命，待牠生產後再想！」朋友說。

我想起「夢」見白貓和發現白毛這件事，於是詳細告訴給他。

「不要嚇我，我鄰居有飼養白色長毛波斯貓，牠的主人時常帶牠過來我家和黑貓一起玩，可是牠在我出差前兩星期已經老死了！」

黑貓後來產下四頭小貓，二頭是白色長毛混種貓，另外二頭是黑白色的……究竟黑貓怎麼懷孕的？

打胎

這故事關於我的好朋友A小姐。某年，她的妹妹懷孕第四個月時，發現不正常出血。因為夫家可以負擔得起比較昂貴的醫藥費，所以選擇入住位於香港山頂的明德醫院休養。

當知道妹妹入住那間醫院的時候，她勾起了回憶……

那年她十九歲，意外懷孕。年輕加上胎兒只有兩個月，沒有想得太複雜，她馬上打掉胎兒。當時就在那間醫院做中止懷孕手術。之後也時常想起：「前男友現在究竟怎樣呢？胎兒投胎了沒有？究竟是男是女呢？」

第二天去醫院探望妹妹，去病房路線感覺熟悉，到達病房門口時，她發抖起來，妹妹住的房、睡的床巧合地跟她當年入住的一模一樣，那些年發生的事歷歷在目。但對她來說，事情已經過去，她的女兒已經大學二年級了，所以之後並沒有再放在心上。

她每天黃昏都會給妹妹送晚餐，並不是醫院的伙食差，只是覺得長住醫院，妹妹亦要臥床，如果每日都能見到自己的家人，傾訴一下，心理上會覺得安心一點。

她每晚六點到達，大約七點半至八點左右才會離開。她如常將妹妹吃淨的飯盒收拾好放入提袋，待返家後才處理，畢竟將廚餘倒入醫院垃圾箱是一件很無禮的事。而離開醫院前，她總會先把提袋放在洗手間附近的凳子上，然後去洗手間。

有一天，她如常去探望，但整日總有點不順遂，沒有按下電鍋按鈕、烘衣機壞了、忘了打電話給每日接她去醫院的相熟計程車司機等等，總之就是心緒不寧。

那晚她如常探完妹妹，之後去洗手間。出來洗手台洗手時，突然覺得整個洗手間很安靜，靜得她可以聽見自己心跳聲。她心頭一震，有害怕的感覺，於是馬上奪門而出。

出了洗手間去，見到一個令她不知所措的畫面：有一個大約二十歲左右的男生，全身赤裸地坐在那放提袋的凳子上，手上拿著她那個飯盒，並用手拿起飯菜送入口！

她尖叫：「神經病嗎你？做什麼呀你？」她視線向前望，再見到兩個護士由病房衝出來，到她再望回那個赤裸男生時，前後可能是二至三秒……那個赤裸男消失了，飯盒亦原封不動在提袋內。

護士扶她坐下，問她發生什麼事，再帶她去見值班醫生，結論都是「太累，產生幻覺」之類，她休息了一會，就坐計程車返家。一路上，相熟司機說她的面色蒼白，她說自己應該是時運低，畢竟醫院很多靈異傳聞，見到也不稀奇吧。司機沉默了一會，然後送了一張觀音像給她，叫她出入醫院都要帶著。

她並沒有因為那事而沒有去探望妹妹，但都是戰戰兢兢。而妹妹住了幾個月後就出院，其間她再沒有在醫院見過那赤裸男。

但一些奇怪事情開始發生了。

她很喜歡狗，而鄰居每日都會定時帶他們的狗狗到樓下中庭聚會，而她亦會對準時間，帶些雞胸肉去請狗狗們吃。狗狗對她並不陌生，親密程度甚至會親吻她。但那一段日子，狗狗們遠遠見到她就會發出叫聲，當她接近，狗狗們就會退後、狂吠，作攻擊準備。主人們都覺得很奇怪，其中有一位年紀比較大的鄰居小聲地跟她說：「我懷疑你有靈體跟著，否則狗狗們不會如此反常！」

她有些疑惑，於是跟她母親說，母親叫他按一般香港坊間的做法，去買一些祭品在街角燒掉，但燒完以後沒有改善，狗狗們一樣很怕她似的。

某一夜她失眠，凌晨三時左右，她起床到客廳看電腦。她客廳的窗是落地玻璃，對面是一排矮樹。她無聊望出去，竟看見一個肉色人型物體坐在矮樹的中間！

於是她打電話去警衛室。不一會後，她看到兩個保安人員走到矮樹的位置，並向她揮手示意，她指向那個人型物的位置，但他們好像什麼也看不到，她甚至見到保安人員踩過那人型物走入矮樹裡！

那一刻她肯定自己見到鬼，而她亦聯想到就是在醫院見到的那個赤裸男！

她找我求救，根據我通靈問神之後提供的方位，她用google 去查，居然就是明德醫院的位置。神明說她遇到的是男性靈體，而且是親人。她想了很久，究竟是誰呢？她可沒有親人在那間醫院過身啊。

那一晚，她夢見那名赤裸男生，微微笑，樣子不知道在哪裡見過，特別是眼睛和鼻子，膚色很白，他用力吸了一口氣，叫了她一聲「媽」，然後她就驚醒了。

她哭了很久，回想起，那赤裸男的樣子很像她的前男友。她冷靜思考揣想：難道前男友死了？

她找我查問，因為我與她的前男友仍有聯絡，大家寒暄一番之後，她問我：「我的前男友還活著嗎？」

「當然啊！為什麼這樣問？」我很好奇。

「那麼我就肯定了，那個赤裸男是我打掉的胎兒！」她哭了起來，我感到她非常無助。

她本身沒有宗教信仰，心急如焚的情況，我相信大家都會明白。她向我求救，於是我答應替她做一次通靈。

那晚在她家。我靜心地感應那男孩，沒多久，我與它交感起來，它就在屋內。

「我們有什麼可以幫你嗎？」我問它。

「可以叫媽媽摸一摸我的頭嗎？」男孩流著淚。

我示意她去摸摸自己的兒子，她哭得一把眼淚一把鼻涕。

「可以請媽媽給我一個名字嗎？這是我最後的要求！」它向母親提出這個要求。

「就給它想一個名，姓氏就用妳的吧！」我向她提意。

想了很久，終於想到一個名字，我告訴它，它表示喜歡。「給你安一個靈位吧，不用再做無主孤魂了！」她向著空氣，告訴自己的兒子。

第二天，我陪伴她到佛堂，做了一場法事，並把她兒子的靈位安置在佛壇內。我看到她的兒子向我們合十，面帶微笑。

「雖然我看不到它，但那種感覺，我一世都不會忘記！」她告訴我。

希望她兒子早登極樂，一切安好。

麻將

我和幾位愛打麻將的「雀友」曾因為集體遇鬼事件，停了一段時間沒有去摸兩圈。但……手癢難耐！貓兒沒有魚吃的感覺多麼辛苦啊！

「不怕！這次來我家！肯定不會遇鬼！」L一邊建議，一邊拍著胸膛，看來已經按耐不住了。「擇日不如撞日，就今晚吧！」

於是我們一行三人，就在當晚去了L的家竹戰。

第一次去L的家，乾淨整潔，沒有多餘的傢私和擺設，充滿日式部屋風情，但硬是有種黑沉沉的感覺，不知道是不是燈光關係。

事不宜遲，開始投入戰場。

開始時的幾圈，打得很正常，只是我覺得L家的燈光好像越來越暗，氣氛顯得有點詭異：「妳們覺得燈光很暗嗎？」

「沒有啊！你用心打牌吧！一個不留神，小心連回家車費也輸掉！」眾人揶揄我。

我只好默不作聲，大約凌晨三時三十分左右吧，燈光突然閃了一下，我們四人都嚇了一跳，不約而同地大叫一聲！

「電力供應系統有問題吧！沒事的，我們繼續！」L說。

敏感的我總覺得L出了問題，她坐我的對家，我留意到她的臉色不對，在昏暗的燈光下，份外顯得慘白，而且，我覺得她的聲音變低沉了，像一位老太婆，我看一眼左右兩家，見她們都沒有反應，顯然是她們並沒有察覺到。

奇怪的事再次發生，但凡每一圈麻將轉下一圈，到L的時候，她總會連贏幾次莊，牌將之高，簡直不可思議！

「邪門啊！到底撞了什麼鬼？」C埋怨著說。

我馬上聯想到靈體這回事，但我又什麼都沒看到，這教我感到很苦惱。我開始注意L的變化，而L好像察覺我知道什麼似的，開始對我有著不友善的態度。

又過了一小時，麻將遊戲完場了。眾人嚷著說要趕快回家睡覺。

「別走啊，多玩一會兒！我明早要離開……不是，我祖母明早要出殯，早上九時，就要到殯儀館，就陪我多玩一會兒吧！」L用低沉的聲線哀求著。

我注意到L說的每一個字，加上她蒼白的面色、低沉的聲線和跟平常不一樣的眼神，我懷疑L被靈體附身！

我在想：如果我們拒絕再多玩一會，「它」究竟會怎樣呢？

「都快天亮了，就陪她多玩一下吧！」我提出這個要求。

C和D想了想：「那好吧！可以吃過早餐才回家！」

L居然向我報了一個感激的眼神。

大約清晨六時，天色開始亮起來，L突然伏倒在麻將桌上，我們都被她這突如其來的舉動嚇壞：「喂！妳做什麼？沒事吧？」我們搖著她。

「我究竟睡了多久？對不起，叫妳們回來打麻將，自己又睡著了……」L伸著腰，懶洋洋地說。

「妳究竟怎麼了？在說什麼鬼話？不要嚇我們啊！妳跟我們玩了一整晚麻將！妳不是忘記了吧？」C驚訝著說。

L驚叫起來：「不會吧！別開我玩笑，我會怕！」

「待會妳要到殯儀館送別嗎？」我問L。

「對啊！我祖母離開了，她生前也喜歡打麻將，也是她教我打麻將的……」L邊倒熱茶給我們邊說。

這下子我們好像明白發生什麼事了……

油畫

二〇二〇年初，網台靈異節目主持人潘紹聰先生曾致電給我，說他們會於該晚返回舊辦公室，問我可不可以看看以前存在於後樓梯的靈體「樓梯哥」是否還在。

他們的舊辦公室樓層某個單位，在幾年前發生過一宗自殺案，男性死者利用繩索上吊，被發現時已經魂歸天國。自此之後，許多人都見過它在後樓梯出現，

有一次我應邀到訪上節目，因為他們的辦公室在走廊的盡頭，所以我一定得經過那後樓梯，我見到它垂下頭，幽幽地站在後樓梯的門外，沒有其他多餘的動作，只是站著，頸部仍然纏著一條紅色的繩子。我輕輕把朋友拉開，以免打擾到它。

言歸正傳，那晚潘先生把他們在舊辦公室外拍的影片傳給我看，那「樓梯哥」仍在，只是不知道什麼原因，躲進後樓梯的水管旁邊。

當我以為潘先生拜託我幫忙看看的事已經做完，誰不知他們還有拍到舊辦公室的門外，有兩位老伯的靈體，一位身穿整齊新淨的灰色唐裝衫褲；另一位則身穿白色短上衣和

長褲，它們目無表情地在門外左右兩邊站著，我不知道它們為什麼會在那裡，之前並沒有見過它們。

最令人心驚的是，我居然看見他們的舊辦公室內有一個女靈體在哭泣！它只有一邊臉，而且奇怪地它並沒有「人類」的特質，我感覺它就像一幅油畫內的人物！

「妳為什麼會被困在這？有什麼可以幫到妳？」好奇心驅使下，我決定跟它交感。回應的聲音非常實在，而非空洞，感覺好像跟一個人隔著一扇門談話：「我原本依附在一幅畫內，他們把我從那幅畫中趕了出來，可是搬走後，卻不把我帶走……」

「一幅畫？什麼一幅畫？妳可以再說清楚一點嗎？」我追問它。

「有位女生畫了一幅畫，我依附了上去，是她帶我上來，但又把我趕出來，又沒有把我帶走……」它幽幽地說。

「那要我替妳找師傅把妳帶走嗎？」我提議，因為潘先生認識很多法科師傅，想必定有人可以幫到它。

「不！我什麼地方也不想去，我只要返回那幅畫！」它堅持。

那麼我也沒有辦法，只好如實跟潘先生說。他告知我，原來不久之前他想弄一個靈異博物館之類的地方，所以公開向聽眾收集一些有依附靈體的物件。而其中有一位女聽眾，她聲稱畫完一幅只有半邊臉的女性油畫之後（並替那幅油畫起了一個名字：面面），家裡就不停有怪事發生，連自己的運程也變差，所以把它送到潘先生的辦公室，及後因某些原因，靈異博物館開不成，在將那油畫退回給該女聽眾前，就先把依附在那的靈體請了出來。

真相大白，原來它不願意離開那幅畫。

直到現在，我仍不知道是否有高人幫到它，畢竟單位已經退租，想再入內做點事是有困難的，而且畫的主人也未必希望它重新依附在自己的畫裡。

貓頭鷹

記得以前跟同事出差到中國，那些工廠老闆都會熱情招待我們這些從香港去的商家，希望爭取更多的生意，而印象最深刻，可以說是野味店！那恐怖的菜餚令我至今難忘。

那晚，我們只吃了些白飯和菜心。

當我看到那隻貓頭鷹的時候，是在一家飯店的廚房旁邊，通往洗手間的地方，在那地方，堆著幾個籠子，放著十幾隻烏龜，有一個籠子裡，放著一隻果子狸。另一個籠子，關著一隻穿山甲。在最上面那個籠子裡的，是一隻貓頭鷹。當我經過的時候，那貓頭鷹忽然振動了一下翅膀，發出了令人毛骨悚然的叫聲，嚇了我一大跳。

我在想：在西方，貓頭鷹那種深不可測的眼神，被當作是智慧的象徵，彷彿牠的眼睛，可以看穿世上一切的神秘。而在中國人的傳說中，這種看了令人不寒而慄的眼神，就被當作邪惡的象徵，尤其在中國北方，被稱為夜貓子的貓頭鷹，簡直就是一種凶兆，和吉祥全然無緣。

我回到席間，一共八人，都是相熟的工廠老闆，我也講起了剛才所看到的，於是大家就七嘴八舌地談論起來。

A老闆：「嘿，看起來這家新的野味酒家，真是貨真價實，要什麼有什麼！」

B老闆：「人也真是，什麼不好吃，連貓頭鷹都吃！」

C老闆：「補啊！人家說用貓頭鷹燉枸杞，補眼補腦，去頭風，明目！」

D老闆：「說不定可以補成夜眼，能在暗中視物。我們點了菜沒有？」

E老闆：「已經點了。還有一說是，如果把貓頭鷹的眼珠挖出來，浸在牠自己的血液裡，浸上七天，就會變得像兩個玻璃球一樣，把牠放在眼前，到了每晚十二時，就可以透過它，看到鬼！」

E老闆說得一本正經，平時他也以見多識廣著稱，聽到那麼怪奇的說法，一時之間，人人都有一種怪異感，靜了下來。

過了片刻，我搖頭說：「這種傳說，當然靠不住！」

E老闆有點不以為然：「何以見得？」

我揮著手，加強了說話的語氣：「貓頭鷹又不是什麼稀有的東西，但鬼魂卻是自古以來人人都想解開的謎，要是真的那麼容易就可以讓人見到鬼，誰都可以去試試！」

E老闆大為反感，全反映在表情上：「妳聽清楚沒有？要把眼珠浸在血液裡七天！七天要保持血液不壞不臭，又不凝結，那是談何容易！」

我在爭辯中有著不肯輕易停止的脾氣：「在古代，或許不能，現在，十分容易，醫院血庫內的血，甚至可以保持三十天新鮮！」

E老闆的聲調提高：「那是人血，不是貓頭鷹的血！」

我的聲線也提高：「人血有辦法保持新鮮，貓頭鷹的血也一樣有辦法。」

其餘的人看到我們愈說愈認真，一個連忙打圓場：「傳說呢，總有一點道理的，或許，把眼珠浸在血液中的時候，還需要唸些咒語，施點法術，這才有效。」

另外幾個人一起笑了起來：「誰知道！」

氣氛緩和了下來，恰好在這時候，侍者走進來，E老闆忽然問：「我們點了燉貓頭鷹，就是外面籠子中的那一隻？」

侍者笑著解釋：「當然不是，是昨晚殺的，要燉一天一夜才夠火候！」

E老闆又問：「那麼這一隻……」

侍者作了個手勢：「再晚一點，廚房沒那麼忙，就會殺！」

E老闆問到這裡，已經有人向他笑說：「不是嘛？真想把貓頭鷹的眼珠弄回去？」他深深地吸了一口氣：「是！」然後轉向侍者：「請你的經理來，我有事和他商量。」

經理很快來到，笑容滿面。E老闆提出要求：「我買下那隻貓頭鷹，請殺牠的人，保留血液，一點也不要浪費，用一隻瓶子裝起來，再把眼珠挖出來，不能有損壞，放在血液裡面，我另有打賞！」

經理聽了後，神情古怪，陪著笑：「這……有什麼用處？聽起來……好像很恐怖。」

我哄然大笑，指著E老闆：「是他說的，七天之後，就可以透過那對貓頭鷹眼珠見到鬼！」

經理也陪著笑，可是看到其他人的面色和神情，都不怎麼好看，所以只是乾笑了幾聲：「好！好！你怎麼說，我怎麼辦！」

這頓飯，有點氣氛不佳，雖然大家相熟，但話也變得不多了，自然也散得早。離開飯店的時候，經理把一個瓦罐和一張帳單交給E老闆，他付了帳，打開瓦罐看看，我在旁邊感到一陣異樣的噁心。

噁心不單只來自那一股血腥味，也來自看到那種奇詭的景象：一罐動物血，本來不算什麼，可是在血紅的、已半凝結的血上，半浮著兩粒眼球，和那貓頭鷹活著的時候相比，竟然沒有什麼兩樣，一樣閃著綠黝黝的光芒。

估不到E老闆如此認真，我也無話可說，只好跟他們在飯店前道別，返回酒店，預備明天回香港。

一個星期後，我在公司收到B老闆的電話：「E老闆死了！」

「什麼！發生什麼事？怎麼如此突然？」我簡直不敢相信自己耳朵。

「那晚妳們離開返酒店後，他立即到了一家醫院，因他認識好幾個醫生，說要拜託他們，保存那罐鮮血，七天後再來取。

奇怪的是，據他的妻子所說，從那晚開始，他就心神不定，坐立不安，在他周圍的人，都看出這一點，紛紛勸說他結束這件無稽的事，但強烈的好奇心卻又使他繼續下去。

第七天，他把那罐血拿回家，揭開罐子，他和妻子都看到那一對貓頭鷹的眼珠，如他自己所說，幾乎變成了透明，閃耀出光芒，也更妖異。妻子叫他把那如此噁心的東西丟掉，可是他像聽不見，他小心翼翼地把它們取出來，放在桌上，眼珠上一絲血都沒黏著，他湊眼去看，說看不到什麼，並且自言自語地說：『對，要在半夜十二時，才能見到鬼！』

天黑之際，時間慢慢接近午夜，他的妻子見如此緊張，就伸手去握著他，感覺得到自己丈夫緊張得手心冒汗，目不轉睛地盯著桌上的那對貓頭鷹眼珠。

在午夜十二時，他把自己的眼睛湊近去，睜得老大。一分鐘之後，他說看到了影像，一個人，像照鏡子一樣，看到了自己！

之後發出一聲慘叫，昏倒在桌上，緊急送醫後，人竟然就這樣走了。

醫生說死亡原因是——極度驚恐致心臟病發作。」B老闆一口氣詳細地說。

我和同事呆晌片刻，不知該作何反應。

墓前

小舅舅從小時候開始，就有點呆頭呆腦，可是，並不是智力障礙那種。

外公說他和外婆在小舅舅四歲那年，擔心他有點弱智，曾帶去讓醫生作詳細檢查。醫生的意見是一切很正常，小舅舅看起來有點遲鈍，是由於他的性格不活潑所致。

性格活潑的孩子，容易給人聰明伶俐的印象，性格比較木訥一點的，看起來自然不是那麼靈活了。所以，他在學校的成績，普普通通，一班四十人，他的名次通常在三十名左右，他只是一個普通的孩子，不顯眼，甚至在兄弟姊妹之中，他也不太被外公和外婆特別注意，就像是周圍環境對他有一層保護色一樣，使他不太突出。

世界大多數人，本來就是這樣子的。外公和外婆久而久之，也習慣了，可是，在小舅舅身上，卻發生了意想不到的變化。

外公說起陳年往事，按時間追溯起來，發生奇怪的事情，是在某年的清明節。

那一年，小舅舅才小學畢業，成績照例普通，畢業之後，分派到的中學也不算理想，但總算是升上中學，全家已經非常滿意了。就在那一年，阿公的父親去世，所以，第二年的清明節，小舅舅有了有生以來第一次的掃墓經驗。

由於去掃墓的人實在太多，車子幾乎是一尺一尺地在前進，經過了擁擠的公路，好不容易到了墓地附近，下了車後，大家已有點疲倦。

眾人分別提著祭拜的物品，大舅舅、外婆和小阿姨走在前面，小舅舅腳高腳低地在後面跟著，小路旁全是墳墓，有的墓有人在拜祭，有的墓雜草叢生，看得出不知有多久沒有後人來過。

對於墳墓，我總覺得它是一種相當奇特的存在，每一個墓下面，都有一個曾經活過的人，而這個曾經活過的人，如今早已成為一副枯骨。

那副枯骨，當然一點價值也沒有，但是在親人心中，還是可以引起無限的追思，所以我已經跟家人說好，有朝一日我離開之後，只將我火化並撒在花園就好了。

小舅舅漸漸落後，外公要不斷停下來，催促他走快一點。

終於到了墓前，擺好了香燭祭品後，當他和外婆在致祭之後，轉過身來，發現小舅舅不見了，他皺著眉頭問大舅舅說：「你弟弟呢？」

大舅舅向遠處一指：「他向那邊走去了！」

外婆咕嚕了一句：「在墳場還到處亂跑！」

外公循著大舅舅所指的方向走過去，那一帶，全是沒有什麼人打理的墳墓，野草極多。走了一段路，才看到小舅舅。

小舅舅站在一座墳墓前，那座墳已經有點向下陷進去，看起來年代久遠，墓前有兩方石碑，石碑也倒下來了，刻有文字的那一面向下，半埋進了土中，石碑的四周，全是野草。他就呆呆地站在那座墳前，一動也不動。

他十分不耐煩，看到小舅舅就大聲叫著，可是他一點反應也沒有，外公走到他前面：「你在幹什麼？」

小舅舅仍然沒有出聲，只是仰起頭來，十三歲的少年，身型相當高瘦，向他的父親看了一眼，他又呼喝他：「快回到爺爺的墓前！」

小舅舅順從地跟在父親的身後，向前走著。

掃墓的事，很快就被忘記了。幾天之後，外婆在睡前告訴他：「你有沒有注意到，這幾天，弟弟一句話也沒有說過？」

他呆了一呆，順口說：「他本來就不多話……」

「可是，幾天以來一句話也不說，而且哥哥說覺得很怪……」外婆很是擔心。

一宿無話。

第二晚當大家好夢正酣，突然聽到飯廳傳來小阿姨大叫的聲音：「弟弟，求求你，別再裝神弄鬼好不好？」

外公憤怒地坐了起來，準備向外面大聲叱責，還沒有開口，又傳來大舅舅的一下尖叫聲，外公大怒，一下子跳了起來，打開房門，向外面看時，也呆住了，而在他身後的外婆，也發出了一下驚呼聲。飯廳的所有燈光全熄了，在飯桌上，點燃了一支蠟燭，而小舅舅，則半伏在飯桌上，雙眼發直，盯著那支蠟燭，口中喃喃地說著話，也不知道是由於氣氛的詭異使人心頭發震，還是小舅舅說的話糢糊不清，聽不清楚他在說什麼。當父親的看到這種情形，又驚又怒，大喝一聲：「弟弟，你在搞什麼鬼？」

小舅舅恍若未聞，小阿姨已經驚叫著，奔了過來，投向母親的懷中，大舅舅強裝鎮定，也幫著外公呼喝著，他來到小舅舅身邊，怒氣沖沖，忍無可忍，一下子抓住他的肩膀，把他提了起來。

可是，外公還未曾來得及呼喝，小舅舅已陡然瞪大眼睛，滿面怒容，大聲講了一句話，同時，一下子就十分有力把外公推了開來。外公向後跌了出去，幾乎沒跌倒在地上，小舅舅又指著他，大聲講了幾句話，就算在驚嚇的情形之下，也可以聽得出是小舅舅的聲音，可是，全家沒有人聽得懂他在說什麼。

小舅舅的神情像是緩和了些，轉過頭去，又盯著那支蠟燭好一會兒。當父親的總算定下神來之際，小舅舅又說了幾句沒有人聽得懂的話，然後突然一下把蠟燭吹熄，奪門而出，向外跑了！

全家人實在受驚過度，甚至忘了去阻止他！等到回過神來，才追出去，可惜已經不見小舅舅的蹤影，大廈的管理員說看到他上了一台計程車。

外公決定報警，一直到第二天中午，才在墳場附近，找到小舅舅，他在墳墓之中呆立，警員把他帶回來，小舅舅看來已回復正常，在警員離開之後，他對父母說：「真對不起！」

但這句「對不起」實在是可圈可點！

外公與外婆相視苦笑，接下來的幾個月，小舅舅除了拚命到圖書館借書外，並沒有什麼異樣，他看的是外文書。外公拿了其中一本去給別人看，那是一本葡萄牙文的書，是講航海的，是一本十分專門的書。

小舅舅竟然懂葡萄牙文！

雖然行為古怪的他不討人喜歡，但發生了這樣的事，還是令人擔心，外公在當天晚上把小舅舅叫進房間來，他的臉上，現出從來未曾有過的一種狡滑笑容，只說了一句話：「別理我，我很好！」

外公低聲下氣：「能告訴我究竟發生什麼事嗎？」

小舅舅回答十分堅決：「不能！」並隨即提出：「我要進航海學校！」

就這樣，小舅舅進了航海學校。

故事就到此處。

小舅舅成績之優異，令人吃驚，學校至今還保留著他的資料。他十七歲那年，已是一艘大輪船的三副；二十一歲，成了船長。他的葡萄牙文，流利得比來自當地的土著更甚，只要他在香港，他也常常來探望我們，不過，更多的是到墳場，在那座不知是什麼人、石碑已塌下的墓前站立，一站就站好久……

卷三

千年一瞬

神、人、鬼三界其實是某種平行時空，並存並行，只偶爾在某些時空裂縫中，誤闖禁區，又或者只讓天賦異稟的穿越者，掌握進入異界的鑰匙，讓千古往事化為一瞬。

電梯

這事發生在我還未對靈體如現在般感應強烈的時候。

那一晚……

「等一等。」我一邊叫著一邊向前跑，在我面前，電梯的門，正在向中間合攏。若沒有人在電梯內幫忙按下開門鍵，那麼，以我的經驗來說，我跑得再快，也無法在門關上之前衝進電梯，至多是我的一隻腳來得及伸進去，電梯門會把我的腳夾住，運氣好的可以讓電梯門再次打開，否則，會出現什麼尷尬場面，真的不得而知。

當然，我可以不用跑、不用叫，搭不到這一輪，可以搭另一輪，可是爭取每一秒鐘時間，已經成了繁忙都市人的習慣，所以我才要扯著喉嚨叫：「等一等！」

當我叫的時候，留意到電梯中大約已是半滿，約有七八個人的樣子，而且，我也看到了，那七八個幾乎全是女性。

這時，隨著我叫「等一等」，正在合攏的電梯門，居然又重新打開來，我即時大喜，一個箭步衝了進去，這時我看到有一隻手，塗著淺粉紅色指甲油的手指指尖，正按在「開」的按鈕上。我忙轉動視線，又看到一張白皙、清秀的臉，有著典型香港女性的冷漠。

我向她獻上友善的微笑，並且用十分由衷的聲音說：「謝謝！」我又自嘲地笑一笑，略微轉動一下身子。搭乘電梯的人，總是習慣性地臉朝著電梯門的那個方向。

電梯門在我身後關上，開始上升，我幾乎是面對著電梯中的所有人。

在一瞥之間，看清楚那七八位乘客，全是女性，年紀大約在二十歲到三十歲之間，其中離我最近，和我幾乎面對面的那一位，身穿低胸上衣，叫人低頭略看一眼，就禁不住心跳加速。我自然不能一直維持這樣的姿勢不動，就算人家不投以譴責的目光，自己也會覺得不好意思。

所以我轉動一下身子，變成面向著電梯門，由於我是最後進來，所以，有兩個女生在我的身邊，其餘的都在我身後。在我右邊的那個，就是替我按開電梯門的那個。同時，我感到身後那些女生的呼吸，似乎在漸漸加重。

電梯一直在上升，但奇怪地，好像過了許久仍未到達我的樓層。

開始感到右邊那個女生的眼光在我臉上盤旋，同時也感到我左邊那位，也正在向我看來，眼光雖然仍是冷冷的，但並不討厭。

這時，我又胡思亂想：「電梯的體積不大，我們有十個人，如果是密封的話，那就至多在裡面生存兩個小時。」

電梯中仍然一片寂靜，沒有人有任何動作，此時，在我身後突然傳來一陣冷冷的女性聲音：「妳算錯了，這裡需要呼吸空氣的，只有妳一人，我們都不需要！」

我愣了一愣，不明白這句話的意思，接著，我看到電梯的儀表板上，沒有一層樓是亮著的，我正想說：「妳們都忘了按樓層！」

我想著，自己伸手去按自己要去的樓層，可是手才伸出去，就被我右邊的女生擋住了，我碰到了那隻手，是冰冷無比的。我陡然明白了那句話的意思——電梯裡，除了我是人，其他全是鬼。

我嚇得昏了過去，直至保安人員叫醒了我，原來電梯根本沒有上升過，只是關了門！

拜．託

我住的社區，靈異事件非常多，住客皆知，那一晚又有事情發生了……

大約凌晨十二點多吧，我如常外出跑步，因為已經夜深，不便跑出大街，只好圍著周邊街道繞圈，以解我跑步之癢。

一口氣跑了六圈，仍未有停下腳步休息的意思。「姑娘……姑娘……」一把空洞而低沉的男聲，在我的耳邊響起，直入耳窩，教我不寒而慄！

我當然知道是什麼事，並沒有理會它，繼續向前跑。「姑娘……姑娘……不要跑，我知道妳是看到我的！」聲音聽起來像一位老伯伯。剛巧有社區接駁車駛至，我想也不想就跳上車，頭也不回地直奔回家。

過了幾個晚上，我又再次出外夜跑，那晚有月光，天色不至昏暗。跑了七、八圈左右，那老伯伯的叫聲又再出現在我的耳邊：「姑娘……姑娘……」。

我沒有理會它，一直向前跑，突然發現我的右手邊有一個頭戴小圓帽、鬍鬚長而白的老伯伯跟我比肩而跑！

下意識地回頭一看，不……它不是整個人跟著我跑，而只是頭和脖子，像條人頭蛇似的！而穿著長衫馬褂的身體則停留在隔二個單位的門前！

嚇得我魂不附體！倒在地上！我不是害怕見到靈體，而是受不了那突如其來的驚嚇。

「姑娘，我早已叫妳不要跑了！」它的音調像責備我似的。

「妳替我給兒子傳話去！」我受不了它那命令式的語氣，所以就生氣起來：「你不要以為我會怕你，第一，是你把我嚇到，第二，我並不一定要聽從你的吩咐去替你辦事！我可不是你的下人！」

我站起來，跟它對峙。它顯然沒有碰過不害怕靈體的人：「對……對不起！姑娘，是我太心急了！」從它對於我的稱呼和裝扮，應該是個有教養的上一代人吧。

我的態度軟化下來，只想速戰速決：「那伯伯，有什麼可以幫忙？」

「我在鄉下的墳墓被白蟻蛀蝕，快要蛀到我的棺材，我嘗試託夢給他，但總等不到他回來，現在我心急，迫不得已才來到香港找他，可是他又看不到我……如果再不弄好，會對後人不利的啊！」我感受到它那份心切和關心下一代的幸福的心情。

「伯伯，我需要你一些資料，否則你兒子會以為我是詐騙集團！」伯伯告訴我它的姓名、兒子的姓名和棺墓的所在地，我一一記在手機上。

「我現在就去替你傳話，但先聲明，你兒子信不信，我就控制不了，不要怪罪於我才好！」我再三提醒它。

「好的好的，知道了，先謝過姑娘妳！」果然有著一派讀書人的風度。

我跑到它的兒子家按門鈴，不一會兒有位長者走出來，樣子跟那老伯有八分相似：

「請問找誰？如此夜深有什麼事呢？」

「請問你是何先生嗎？我住在前面十七號，是來傳話的，我知道這件事很難令你相信，但我確實沒有半點謊言……」之後我把事情一一告知。

「我很驚訝，因為妳真的知道我和家父的姓名和他葬於何地，而我也確實有夢見先父，告訴我關於白蟻蛀蝕他墳墓的事，可惜因疫情問題，不能馬上回去辦這件事！待疫情過後，我會第一時間回去處理。」何先生詳細地回覆我。

我很高興何先生相信我所說的。轉過頭看看那位伯伯的靈體，它默默地望著自己的兒子，我也不想嚇著何先生，並沒有告訴他老伯仍在我身邊。

我向何先生道別，待他進屋後，我跟何老先生的靈體說：「相信你能理解吧……」

「嗯……」然後它慢慢地向前行，直到消失在我眼前。

過橋

伯父和伯母結婚已十多年，膝下猶虛，總把我當成親生女兒一樣看待，所以小時候我經常在他們家生活。沒多久終於有好消息，伯母懷孕了！

就這樣他們就沒有再帶我到他們家玩，他們由一家二口變成一家四口，伯母懷了龍鳳胎！

再過了一陣子，他們舉家移民去美國的長島落地生根。多年後，因為伯母患了抑鬱症，所以我決定抽空前往探望。某天閒聊間，伯父告訴我一件怪事，就從那一年移民開始……

有一晚，他們如常哄女兒和兒子睡覺，確定他們睡著後，伯母輕輕拉上門，就在只剩下一道門縫的時候，她和伯父聽到女兒忽然叫了兒子的名字，兒子只回了「嗯」一聲。二人都呆了一呆，伯母自然地挺直了身子，想再推開門，要孩子別再講話，快點睡覺，但是伯父卻拉住了她的手，在耳際用極細的聲音說：「別驚動他們，聽聽孩子在講些什麼。」

伯母表示同意，突然他們聽到女兒又叫了一聲，兒子又回答了一聲，女兒道：「明天要去看姊姊！」

兒子又再「嗯」了一聲，聲音中有十分濃厚的睡意，語調含糊地說：「我喜歡姊姊，她常唱歌給我們聽：搖搖搖，搖到外婆橋，我也喜歡那座橋……」

女兒聲音相當興奮：「那座橋很高，為什麼每次都不讓我們走過去？是小孩子不准上橋嗎？」

門外的兩人都在對方的神情中，看到了心中同樣的疑惑。他們不約而同地伸手推開門，一起張口想要說話，但是卻又不約而同沒有發出聲音來。

雖然是雙層床，但也不是很高，睡在上層的是女兒，睡在下層的是兒子，一推門就可以看到，兩個孩子睡得四平八穩，一動不動，兒子的嘴唇在動，但那不是說話，只是孩子在熟睡時常有的動作。

他們呆了一呆後，輕輕來到床前，伯父伸手推了女兒一下，她睡得很沉，沒有反應，聽說孩子如果是裝睡，雖然合著眼睛，但是眼睫毛會忍不住顫動，仔細看了好一會，孩子是真的在熟睡！他鬆了一口氣，四歲的女孩子，有什麼理由裝睡呢？

可是，如果孩子真的在熟睡，為什麼會說話呢？剛才明明聽到他們在對話，若是只有一個孩子在說，還可以解釋為孩子在說夢話，可是剛才明明是兩個孩子一起說話。

此時，伯母也檢視過兒子，肯定他也在熟睡。伯父和伯母的神情訝異莫名，在孩子房中，僵立了片刻，心中都說不出的詭異感覺。然後互相握著手，向外走出，發現雙方的手心中全是汗。

他們走向門口，輕輕拉上門，而就在門只餘下一道縫的時候，房間中，突然又傳出了女兒叫兒子的聲音，以及兒子答應的聲音！上一次，他們聽到這種叫喚聲時，心中只感到有趣，佇立著，並沒有推開門，想聽聽大人不在的時候，兩個小孩究竟會說些什麼話。

可是這次，他們卻感到一股寒意，自頂至踵，像是從身體的每一根骨頭中直冒出來，他們雙手緊緊地握著，沒有勇氣再去推門。

兒子的對答，仍然充滿睡意；女兒的聲音聽來很清醒：「見了姊姊，向她要什麼？」

兒子含含糊糊地道：「糖一包，餅一包……」

女兒還是在自言自語：「叫姊姊帶我過橋上玩，上次見到她的時候，她說橋那邊很好玩，有許多許多的新奇事物。」

兒子忽然嘰嘰咕咕笑起來：「我也要去，我也要去，姊姊答應過，會帶我們去的。」

伯父和伯母倆人聽到這裡，身子不由自主地發地抖來，她看來已支持不住，他勉力提了一口氣，又聽到女兒說：「姊姊一定會來……」的時候，他一抬腳，膝蓋「砰」地一聲把門頂了開來，那一聲大響，足以把兩個熟睡中的孩子吵醒，他們看到的女兒和兒子正坐起來，揉著眼，一副不知所措的樣子！

伯父不知道自己的樣子有多難看，再加上他的聲音也不由自主地提高，他才喝了一句：「你們在胡說什麼？」兩個孩子已「哇」地一聲哭了起來。伯母快步走去，先把兒子抱起來，放在上層床上，然後，一把摟著兩個孩子，雖然她自己也在發抖，可是還是狠狠瞪了伯父一眼。

伯父知道嚇著了孩子，沒有再說什麼就退了出去，在門外，他聽到伯母對孩子說：「沒事，快睡覺，乖孩子，快睡覺！」他突然感到一陣莫名的厭惡和煩躁，回到了臥室，待他抽到第三支菸時，伯母才進房間來。

她在床邊坐了下來，過了好一會，她用發顫的聲音問：「明天……別去掃墓了，只怕……只怕……」

伯父破例地粗聲粗氣：「怕什麼？」伯母沒有再說什麼，默然地躺了下來。

「伯父，哪裡有鬼出現？但這真不像鬼故事嗎？」我問他。

原來……隔日是清明節，他們去拜祭第一個死去的女嬰。在懷龍鳳胎之前，也懷著一名女孩，可惜八個月因臍帶纏頸而死去。

姊姊帶著妹妹和弟弟過橋……

夜哭

這是關於我舊居的事。

這種低密度住宅，建築上雖然不至於偷工減料，但在隔音設備上，因為地方空曠，總會比較差些。所以如果有人在自己的臥室中忽然興致大開、引吭高歌，又或夫婦對罵，聲音超過平時說話的音量，那左鄰右舍、樓上樓下自然會聽到聲音，在沉靜的黑夜中聽，有時甚至十分清晰。特別是在午夜時分洪亮的嬰兒哭聲。

在我住的大廈中，有許多住戶是新婚夫婦小家庭，有嬰兒哭聲自然不奇怪，而且，也不會引起人們太大的反應，因為嬰兒總是惹人喜愛的，那是人類生命的開始。

可是令人奇怪的是，這嬰兒的哭聲十分響亮，常理來說，孩子哭了，父母或照顧孩子的人，總會用盡一切方法，讓孩子不再哭下去。然而，這個哭啼聲洪亮的嬰兒，一哭起來，少則十分鐘，多則半小時，期間沒有大人哄拍的聲音，從嬰兒連續不斷的哭聲來推測，好像沒有任何人，做過任何使嬰兒停止啼哭的舉動。

這就有點奇怪了！事情開始在大廈引起議論。

在一個早上上班時分，電梯擠滿了人，其中有一個少女打了一個呵欠，嘀咕了一句：「不知誰家的孩子，整晚哭不停，真的令人受不了，他們家的大人，不知怎麼搞的！」

那時，電梯正由高層九樓下來，在八樓到二樓之間有不少人進入電梯，少女的話立刻引起共鳴，大家都表示，最近一直為這個喜歡夜哭的嬰兒所苦，說的人都皺著眉頭，有一位先生的脾氣可能不是太好，竟憤然一拳打在電梯壁上，發出一聲巨響：「得把這家人找出來，我住九樓聽來聲音像是六樓或是五樓，我早上當司機，晚上睡不好，真煩！」

司機先生說著，用相當不友善的目光，盯着電梯停在六樓時進來的一個少婦身上，少婦神情惱怒：「我沒有孩子，不必望著我，那孩子的哭聲，我每晚都聽到，誰能把那家人找出來，勸他們晚上多照顧孩子一點，那就功德無量。」

司機先生有點不好意思，於是自告奮勇：「包在我身上，拚一晚不睡，也要把他找出來！」

一個老伯伯也參加了討論：「這孩子每晚哭成那樣，一定是身體有什麼不舒服。」

我也立刻回應：「聽我婆婆說，冰糖燉蟬殼，止小兒夜哭很有效！」

電梯到達大堂，議論自然停止。而同樣的議論，在電梯中不知進行了多少次。事實證明，每晚聽到嬰兒哭的人極多，所以到了那個晚上，管理員、司機和我就出發去調查。因我經常在家搞東搞西到深夜，所以對那嬰兒的啼哭聲，印象特別深刻。

我們三人先議論一番，我住九樓，我說：「那聲音不是八樓就是七樓，哭聲由下面傳上來，再明白不過，我曾好幾次從窗戶探頭出去，我看不是C座，就是D座！」

我很有實事求事的作風，一面說一面在紙上畫出大廈每一層的平面圖來。大廈有一條走廊，每一層都有八個單位，C座和D座都靠東北面，我住的是九樓C座，聽到的嬰兒啼哭聲十分清楚，所以才有這樣的猜想。

我和司機先生互望了一眼，司機先生又握著拳，在管理員坐的那張桌子上，重重打了一拳（看來這是他的習慣）：「不怕，那孩子一定哭，根據哭聲，不怕找不到！」

根據哭聲，自然不會找不到，午夜過後不久，嬰兒的哭聲就傳出來，和往常一樣，不同的是，這一晚，有人要找出嬰兒哭聲究竟是從哪一個單位傳出來的。

我們從九樓走樓梯到了八樓，肯定那哭聲是從八樓傳出來的。司機先生、我和管理員在八樓的走廊中聽到哭聲，的確是由D座傳出來的。

八樓D座！我們三人都呆住了！管理員皺著眉：「不對啊！這單位都還沒有人搬進來……怎麼會有嬰兒的啼哭聲傳出來，而且不是一次兩次，而是整晚不斷？」

我們三人呆立在門口，感到走廊中似乎有寒風吹來，司機先生發出了一下極難聽的聲音，用力在門上打了一拳，啞著聲音叫：「別吵了！」哭聲突然停止，我們身上的寒意更甚，誰也不知道是怎麼一回事。

當晚，這三個尋找嬰兒哭聲來源的人，顯然未曾睡好，因為第二天早上，許多住客聚在大廈門口，聽司機先生和管理員報告昨晚的經過時，二人的眼睛，全是紅紅的，聽的人，神情也十分怪異。因為昨夜，再沒有人聽到孩子的哭聲！

老伯最先表示意見：「要不要請人來……作一場法事？」

一個嬸嬸立刻反對：「老伯，你別亂說話！」

大家正在說著，一輛搬運車駛到大廈門口，下車的是一對年輕夫婦，少婦懷裡抱著一個嬰兒，下了車之後，嬰兒正在哭，哭聲宏亮。

所有人安靜得一點聲音都沒有。管理員勉強地發問：「新搬來？幾樓？」

那位年輕的母親說：「是的，8樓D座。」

這時候，站在大廈大堂的住客，更出奇地安靜，靜得連呼吸聲都聽不見，因為大家似乎都忘了呼吸或者不敢呼吸……

紫禁城

我發誓以後絕不再去北京故宮。

北京故宮，即紫禁城，是明清兩朝廿四位皇帝的皇宮。建於明成祖永樂四年（西元一四〇六年），永樂十八年（西元一四二〇年）落成。位於北京中軸線的中心，為世界上現存規模最大的宮殿型建築。一九八七年入選《世界文化遺產》名錄。現為故宮博物院，收藏明、清兩代古書畫、陶瓷、銅器及宮廷文物；是國家一級博物館，與俄羅斯埃米塔什博物館、法國羅浮宮、美國大都會博物館、英國大英博物館並稱為世界五大博物館。

二〇一七年冬季，我跟媽媽到北京旅行，她嚷著說要去故宮走一趟，我倒沒有多大興趣，應該說我對整個中國大陸都沒有興趣。

那天很冷，氣溫只有四度，而且天陰，整個紫禁城像被濃霧包圍一樣。後來我才知道，這叫做霧霾，是重度汙染的特徵。

我和媽媽逛了大約一個半小時，她說累了，於是我們找了間咖啡店坐下來休息。由於我不想浪費時間久坐，所以我提議媽媽坐著，而我自己先逛一下看看有什麼值得參觀的地方，免白行一趟，可知道紫禁城有多大啊！我約好半小時後回來接她。

沿途一邊拍照上傳到臉書，一邊心想究竟會不會碰見古代的鬼魂，很多人說紫禁城多冤魂，而臉書上的朋友也紛紛把在紫禁城遇鬼的事說出來，那個時候，我倒想見識一下。

當逛到名為養心殿的地方，四周突然刮起一陣大風，風沙吹得我的眼睛很不舒服，由於我當時配戴的是隱型眼鏡，刺痛令我流起眼淚來。

風沙令我視線朦朧起來，我好像看見遠方有兩排穿深色衣服的隊伍向我慢慢地走過來，那隊伍的中間還好像抬著一道像轎子什麼似的。

由於實在無法瞪大眼睛去看個清楚，心想以為是拍攝電影中，所以我急急轉身去找我媽媽。

注意這件事是「全無邏輯性可言」，望看官不要有「為什麼會這樣」、「為什麼會那樣」的思維。

可是我一轉身，又看到那批隊伍站在我面前，而且是清裝打扮，而在轎上的是一名少女，從她的服式打扮可以看出，應該是宮中人或是貴族之類。我下意識覺得自己阻礙他們拍攝電影，所以急急向後退，誰不知有四個帶刀的男子圍著我，看看他們的腳，全都是穿一只鞋子，那一刻我知道自己遇鬼了，而且還是一批非善類的鬼魂。

順帶一提，每當我看到枉死的人，他們全都只穿一只鞋子！

他們開始向我問話，是一種我聽不懂，又從未聽過的方言，事後我才知道這是滿洲語。他們見我沒有什麼反應，便動手把我按下，企圖要我向那貴族少女下跪！我死也不肯，可是體力又不夠四個男的大，於是，我被迫下跪了。她開始責罵我，雖然我聽不懂她對我說什麼，但從她的表情和語氣，都略知一二了。

那個貴族少女像命令那兩個男的把我的頭轉向左邊的紅磚牆，剎那之間，牆壁出現一個大洞，像一塊圓鏡子似的，我從鏡子看到盡是一些古裝劇的影像，我閉上眼不敢看，因為全是宮內一些刑罰恐怖情節！

我拚命掙扎，尖叫，終於甩開他們，最後的記憶是撞向牆壁，昏了過去。

醒來已經在醫院。媽媽說我不知道發生什麼事，只在遠處的咖啡店看到我手舞足蹈，然後自己撞向牆壁，跟著就昏了過去。隔壁床的老太太問我們是不是到過紫禁城的養心殿？我回說是，並且把我遇到的怪現象告訴她。

「我們老北京有一傳說，就是紫禁城內的城牆有儲存記憶的功能。凡是有緣人路過，都可能會從城牆壁看到當年的慘劇，至於如何看到，怎樣看到，看到什麼畫面，則人人有所不同了，我在北京住了數十年也沒有見過呢……」老太太如是說。

出院後第一時間回香港。很害怕它們會跟我回家，所以先在酒店住兩晚，清一清身，確定他們沒有跟來才回家。

紫禁城．後記

回家後有一段時間的確沒有怪事發生，只是偶然發現一些水果不見了。後來有一天，我請一位朋友到我家做加強結界的儀式，她是一名薩滿巫女。

「我看見你家外頭有一名古代鬼魂，晚上待你們睡覺後，就會由窗口進來，你們去北京有買紀念品回來嗎？」她沉重地問。

我想了想：「沒有買什麼呀！全部都是吃的，沒有紀念品啊！」

「有紀念品啊！我在紫禁城拾了一顆石頭，紅色的，很漂亮，我拿給你們看！」我媽媽突然插嘴說。然後拿出了一塊紅色石頭。

「就是這顆石頭了，有一個膽小的宮女藏身著，要盡快清理！」薩滿朋友說。

「如何清理啊？做儀式？趕它離開？」我如機關槍般發問。

「那用這麼麻煩，寄回北京郵局就是啦！哈哈！」她哈哈大笑地說。

就這樣，第二天我就把紅石頭寄回北京郵政總局，而我家也回復正常。

看官，去旅行時，可別隨便拾取來歷不明的東西回家啊！

排隊

香港的生活，排隊是不可或缺的一部分，幾乎什麼都要排隊，坐車要排隊，進電梯要排隊，看電影要排隊，買便當要排隊，到銀行領錢要排隊，甚至存錢進銀行，也要排隊，而最荒謬，就是連買房子也得排隊。

有人排隊，自然也有人插隊，這個插隊的人身型高大，壯碩，二十來歲，一條半舊的牛仔褲，上身是無袖的T恤，腰際圍著一個袋子。這個人大搖大擺地走過來，雙臂上的紋身，看來也格外惹眼。

那個紋身刺得很細，左臂上有一條張牙舞爪的龍，右臂上是一頭正張口咆哮的老虎，依我的角度來看，很是土氣！

這個人從長長的隊伍後面走過來，如果有意排隊的話，早該止步，可是他卻一直來到最前面，站了一會，拿出一根香菸，取出打火機，略低頭，趁著點菸的那一刻，身子突然側一側，就擠進了第三和第四個人中間。

排在第三位的是位老婆婆，只覺得背後有一點異動，轉頭看了一下，身後忽然多了一個大漢，連忙回頭去，當作什麼事也沒有發生過一樣。

對她來說，沒有損失，自然不會表示什麼，而且，插隊者那種兇神惡煞的樣子，難道是好招惹的？自然，不出聲為宜。

排在第四位的是一個很瘦的中年人，插隊者橫著身子插進來的時候，粗大的手臂，有意無意，在中年人身上碰了一下，令中年人不由自主，退後半步，插隊者壯碩的身體，也自然而然地進了隊伍之中。

中年人略揚一揚手，想說什麼似的，插隊者轉過頭來，瞪了中年人一眼，中年人就算想說什麼，也變成了模糊的響聲，反倒身子向後縮了縮，不敢離他太近。

我排在第五位，在那中年人之後，在我身後還有許多人，都看到了那插隊的行為，紛紛發出不滿的聲音，可是完全沒有具體行動。我忍不住，一來這隊已排了很久，有點不耐煩，再有人公然不守秩序來插隊，自然應該抗議；二來覺得人人都有公民意識，遵守秩序，有違反的一定要糾正。

於是我伸手出去，越過我前面的那個中年人，手指在插隊者的肩上，輕輕點一下，用十分嘹亮的聲音說：「先生，別插隊！」

我的話一出口，在我的身後，就傳來一陣附和聲，都說插隊不是，插隊者大約過了三秒才轉過身來，又花了兩秒，把口角的香菸取了下來，彈著菸灰。在這五秒時間內，我身後的所有人，都靜了下來，在我前面的那個中年人，把雙手放在背後，向我急速地作了幾個手勢，意思十分明顯：叫我別多管閒事，不要再說什麼。

插隊者顯然十分習慣這種場面，也十分明白自己在弱肉強食這種森林定律中所佔的優勢，所以他一面彈著菸灰，一面用一種特別的手勢拿著香菸，這種手勢，使人一看就知道，只要手指略動，那支菸就會被指力彈出來。

通常的情況下，他也不必說什麼，就可以令場面得到控制，變得什麼事也沒有發生一樣。

可是，我沒有被嚇倒，仍然直視著他，他的聲音嚴厲：「你說什麼？」

我向隊伍的後面指了一指，提高了聲線：「先生，別插隊，請排隊！」

整個隊伍的人，都沒有發出聲音來，剛才曾經附和過、要求乖乖排隊的人，嘴抿得比剛才沒有出聲的人更緊。插隊者伸手向前，伸到我的面前，使我不得不向後仰了仰頭，插隊者發出一下冷笑聲：「你眼睛瞎了，看不見我正在排隊嗎？」

這時，隊伍略動了一下，前面的一扇門打開，兩個人進去，插隊者也跨前一步，成了第二位。

我仍堅持：「先生，別插隊！」

這一次，插隊者使出了必定靈驗的方法，他突然轉過身，伸手一推，就把那個瘦弱的中年人推出了隊伍，中年人有點氣急敗壞地叫：「別多事！」

插隊者和我面對面站著，我仍然堅持，雖然有點心怯：「先生，別插隊！」

插隊者獰笑一下：「誰插隊？你？好，你去排隊，從最後排起！」

插隊者說著，伸手把我推出隊伍之外。在那時侯，剛才也被推出隊伍的中年人，連忙站了進來。插隊者用力一推，將那中年人推倒在地，然後，又昂然回到那中年人前面，中年人連忙縮了縮身子，讓位給插隊者。

我看到插隊者前面的老婆婆，正在進去那扇門，回頭向我看了一眼，老得滿是皺紋的臉上，木納而毫無表情。

插隊者昂著頭，沒有人再講站，下一個就輪到他了，他也木納而毫無表情。

我一個一個看去，那瘦弱的中年人，也木然沒有表情，其餘的所有人都一樣，我一頓足，憤然掉頭而去，不再排隊。

教我百思不得其解的是，我為何會排在那個隊伍中，我甚至不知道排在那個隊伍的目的是什麼！

然後，我又聽到許多人的嘈雜聲，我看到自己倒在馬路中心，一架電車就在我面前，許多人圍著我，當我爬起來的時候，在我身邊的人，神情都訝異莫名，一個穿著電車司機制服的人大聲問：「妳沒事吧？」

我反倒有點莫名其妙：「有什麼事？我會有什麼事？」

「妳被電車撞倒了，伏在地上一動也不動那麼久，以為妳一定死，可是忽然又醒過來了，什麼事也沒有，真的大難不死！」

我開始明白，自己剛才排的那條是什麼隊，只是不能肯定要不要多謝那個插隊者……

神功戲

我的姑姑有一個嗜好，就是演粵劇，雖然她沒有正式拜師學藝，但演起花旦來，也算是有板有眼，工餘時或特別節日，都會去參加一些粵劇演出，特別是農曆七月十四的盂蘭盆節，她每年都必定參與。

有一年，我說希望跟她去見識一下，因為我從未去過盂蘭勝會，她答應了帶我一起去。

盂蘭勝會中的「盂蘭」由梵文「Ullambana」翻譯過來，是來自《目蓮救母》的民間故事；「勝會」是指一大群人舉行活動的意思，在香港亦稱為盂蘭節、中元節或鬼節。相傳陰司地府在七月初一大開鬼門關，直到七月三十日才再次關閉，七月十四日佛教定為「盂蘭盆會」，而道教則稱為「中元普渡」。

香港盂蘭勝會是始於潮州、海豐、陸豐、鶴佬等移居到香港的人士，他們在一九四〇年代到一九五〇年代聚居於銅鑼灣、上環、西營盤、深水埗、尖沙咀等地，並將家鄉流行的盂蘭節也一併帶來，以聯繫同鄉感情、紀念祖先和超渡地方上的孤魂野鬼。這活動於二〇一一年以「香港潮人盂蘭勝會」名義，獲列入第三批中國國家級非物質文化遺產名錄。

那天下午我們出發到目的地，但在進後台前，她先給我說明一些規矩和禁忌，例如不可以坐衣箱、不可以亂說話、老倌上妝後不可以跟他們談話等等。

開場前還要拜神，還要上香給華光先師。

相傳華光為南帝，是掌管火之神，本港粵劇界人士對慶賀華光誕辰均十分隆重，源自於演出戲棚多用竹木搭建，演戲時容易發生火災，故此戲行藝人均拜華光帝為祖師，把華光帝當保護神。

盂蘭勝會有打齋附薦先人的習慣，故亦設置「附薦棚」，打齋儀式是盂蘭勝會中重要的一環。更有人在勝會中競投福物，以求賜福。還有一個用藍色和白色布置的「孤魂台」，用來接引孤魂脫離地獄之苦。最後是最大座的戲棚，上演各種劇目的神功戲，免費供市民欣賞。

「神功」是做功德的意思，以大戲做功德便被稱為神功戲。盂蘭節神功戲會在農曆七月十五至十七日一連三晚演出。現時在大型的盂蘭勝會通常都有戲班演出大戲，做功德之餘又得到娛樂，亦可以讓街坊分享同樂。

那晚是我第一回看神功戲，從後台偷偷望出去，看到男女老少都有，簡直坐無虛席！

「不是說第一場是做給鬼看的嗎？怎會如此多人？」

下意識地看看他們腳，噢！有些只穿一隻鞋！有大約幾十個靈體！我看得毛骨悚然！之後沒有看下去，返回後台玩手機。

我遇到一個女老倌坐在化妝檯前整理妝容，但記得自己在出後台前，裡面是空無一人，怎麼現在多了一個人？是因為遲到，所以現在才上妝嗎？我當時心裡暗自揣想。

無意之間瞄一眼鏡子，居然反映不到她的容貌！接著陸續聽到一些腳步聲，卻看不見有人進來，大驚之下我想離開現場，可惜那個時候我卻動彈不得，像給人綁起來似的，連聲音也叫不出來！

我害怕到極點，開始在胡思亂想：「不會是想取我性命吧！」

在電光火石之間，我看見一位長白鬍鬚的老者，從舞台與後台相隔的布簾走了進來，並說：「別再嚇人，出去看戲吧！」

之後在化妝檯前的靈體和腳步聲也消失了，而我像獲得鬆綁那樣，「謝謝老伯，要不是你，我真的不知道該怎麼辦。」

「哈哈哈，上三枝香給我吧！」老者手指向華光先師的牌位，然後隨即消失。

我馬上過去上香，然後留電話短訊給姑姑說我要先走了。我不想再逗留在那個地方……

電話號碼

收工的時候正下著大雨，本來已經混亂的交通更加混亂，車子在路上擠著，無法移動。不耐煩的駕駛人用力按喇叭，在雨聲和雷聲之中，聽來特別嘹亮，卻一點作用也沒有。街上的積水很深，前面有幾架車子顯然已經無法開動，整條道路全堵住了，在一些大廈的進出口，站立著避雨的人，每一個都現出焦急的神色，經過一天辛勞的工作，誰不想早點回家去？

人的欲望，雖然沒有止境，但這時候，也變得相當簡單。像我，這時侯就伸長了有點發痠的頸，望著滂沱大雨，眼睛睜得有點痛，我的願望，無非是想找到一台計程車，好把我早點送回家去而已。

可是，在這樣的情形下，要找到一台空的計程車，恐怕十分困難，當一台計程車在大雨中駛過，濺起高高的水花，爭著攔車的人，還是不顧一切衝上前去，就在車邊爭吵起來，紳士沒有了風度，淑女也顧不得儀態，結果如何，我也沒法子看下去。

大雨一直沒有減弱的跡象，站著已經超過半小時，天氣悶熱，濡濕的衣服貼在身上，使我更不舒服。決定不再等下去，衝出馬路去碰碰運氣。我側著身，擠出了人群，把手提袋頂在頭上，擋住傾盆大雨，在緩慢移動著的車輛之中，奔向對面馬路。當我未到馬路中心的時候，我的身子已經幾乎完全濕透了，就在這時，我發出了一下歡呼聲！一台沒有乘客的計程車，正正停在我面前！我一伸手，拉開了車門，屈身進了車廂，而就在我進車子的同時，車子的另一邊門也打開了，我幾乎可以肯定，兩扇門是同時打開的，有一個全身濕透的人，鑽進了車廂。

我和那人，幾乎是同時坐下來，然後，我們自然地互相望向對方。和我同時進車子的，是一個女人，三十歲左右，由於長髮已濕透了，貼在頭上和臉上，看起來相當狼狽。

不單只我們二人互望，司機也帶著質詢的目光，轉過頭來，我當機立斷，向司機一揚手：「我們是一起的！」然後，我轉問她：「先送妳，妳去……」

她略為抬起頭，有十分好看的天然眉毛，眉毛下是明亮的眼睛，眉毛上還沾著幾滴水珠，她停了半秒鐘，才說出一個地址，聲音很低，我轉述了一遍。司機的神情仍有點不自然，我壓低了聲線說：「會多付車資，請開車！」

司機並沒再說什麼，雨仍然極大，車子行得十分緩慢，大概五分鐘只移動一百公尺。

開始的時候，他把自己的視線保持向前，可是，在車前的後視鏡中，他一直注視著她。

車子在駛出了交通繁忙的街道後，行車的速度快了許多。我們開始交談，原來大家都喜歡研究日本文化，我們言談甚歡。

沒多久，車子忽然停了下來，司機並沒有轉過頭來，她伸手打開車門，在離開之前，說了一句「明天見」。我也想多交一個志同道合的朋友：「明天我們怎樣聯絡？」她笑一笑，也不知在什麼時候，多了一支小巧的筆在手，我自然地伸出手來，她在我的掌心上，迅速寫下一個電話號碼。然後轉身離開，進了一個大樓。

車子仍然停著，司機十分不耐煩地轉過頭來，說道：「小姐，已到了！」

我如夢初醒：「哦！那位小姐到了，我還沒！」

司機有點惱怒：「什麼小姐？妳是不是喝醉？一上車就自言自語，行動古怪！」我感到一陣寒意，車裡冷氣足，我衣服又濕，我問司機：「你沒有看到……有一個女人和我同車？」

司機狠狠地盯了我一眼，說：「神經病！」我攤開手，電話號碼仍在，但我已經失去了追查的勇氣。

罪孽

今天看著鄰居搬家，教我想起之前跟他們的一段往事。

王太太一家四口，給我的印象很好。有二個兒子，她是一位家庭主婦，王先生則是一位貿易公司的老闆，廠房在中國，因此經常要中港兩地跑。

那晚我回家，下車時剛巧碰到王先生也駕著他的私人轎車回家，我赫然發現有一個長頭髮、衣衫不整的女靈體，坐在他的車頂上！面色蒼白，口角和額角正流著血，場面嚇人。

但畢竟與我無關，也就不了了之，沒有把事情告訴他們夫婦。

有一個黃昏，我上頂樓收起早上晾曬的衣服，剛巧王先生也在頂樓抽煙，我見他面色凝重，像有心事，他跟我打了個招呼，然後下樓去。這讓我覺得很奇怪，因為平常王先生見到我除了打招呼之外，也會閑聊一下，從來沒有像今天那樣。

當天晚上，正準備吃晚飯的時候，忽然聽到外面傳來救護車的嗚笛聲，打開大門一看，原來是王太太叫救護車把王先生送去醫院！我不知道王先生是什麼病，只見他半躺在擔架床上，向前彎起腰，表情非常痛苦。

最詭異的是，我也見到那一次坐在王先生車頂上的女靈體，正看著王先生幽幽地笑，並隨著一起上了救護車。我心想：「嗯，事情恐怕不簡單。」

又過了一陣子，我碰見王太太：「王先生出院了嗎？沒有什麼事情吧？」

王太太欲言又止：「進來我家喝杯咖啡！」

她沖了香噴噴的咖啡並拿到客廳坐在我旁邊：「這段期間我的壓力很大……」王太太哭了出來。

我遞上紙巾：「哭出來會舒服一點，哭吧！」

「我先生自從上次從中國回來後，就得了一個怪病，連醫生也不知該如何處理，現在只能給止痛藥和抗生素！他……他那性器官不知感染了什麼菌，一直脫皮，就好像曬傷了脫皮一樣，現竟像一條肉似的……」

噢！我的天！可以想到有多痛！

我安慰了王太太好一會兒，然後返回自己的家，我在想：「會跟那個女靈體有關係嗎？」

那一個晚上，我如常把垃圾拿出屋外的垃圾桶，回頭就見到那女靈體站在我家門前，並用不友善的目光看著我：「妳最好別多管閒事！」

我就火起了：「我要多管閒事的話早管了，妳最好別用這態度！」

它呆了一呆並垂下頭。我趁機問它：「妳為何要把王先生弄成這樣？他現在生不如死！」

它迅即抬頭向我咆哮：「他生不如死？是他活該的！我被他們輪姦的時候也生不如死！我要他們賠命來！」

我十分驚訝，平常王先生給我的印象就是彬彬有禮的，怎麼會牽涉進輪姦案件當中？但我始終不是警察，也沒有意思去干涉，所以我就一聲不響返回自己的屋子內。

又過了一陣子，王太太跟我說要移民去：「香港的醫生已經找了很多位，但也醫不好我先生，所以我們決定去美國那邊，碰一碰運氣，那邊的醫療技術比香港好……」

我其實想告訴王太太，無論去到哪裡也一樣，王先生終究得清還他所犯下的罪孽……

司機

這是我好友R小姐的親身經歷。

「喏，我現在在醫院，昨晚遇鬼了！」一大清早她就來電，聲音聽起來還在發抖！

「什麼？說來聽聽！」我呷著咖啡道。

話說那天晚上，她和在交友網站新相識的男朋友去消遣，老實說，我們友儕間的確看那個男的不順眼，他有一種窮心未盡、色心又起的樣子。我們都慨嘆，現在的女人真好騙。

R已經三十來歲，面目清秀，皮膚白皙，樣子身材也頗好，年紀老大不小，不是十五、六歲的女生，怎麼會那麼容易上當？

他們喝了酒後有些醉意，於是坐計程車回家，一上車，他們就緊摟著對方。

我可以肯定計程車司機是接觸人最多的行業，自然一看就知道，這是一對關係並不正常、或者說關係並不單純的男女。

什麼叫關係並不單純呢？

例如，男的有過糾纏不清的婚姻和男女關係。女的也一樣，更可能的是，這一對男女的其中一方，正對另一個異性在道德上進行背叛，或許，兩人都如此。

「而且我和他馬上分手了！」她嘆氣著說。

「那麼我要恭喜妳！長得不出眾不是問題，但他滿臉油光，有一種說不出的猥瑣，甚至可以和骯髒連結在一起。同時我們發現在他經常竭力地把自己扮演成一個大情人的角色，不斷地用低沉的聲線說著話，口角泛著有惡臭的唾沫，看起來像死去的蟹。」我把埋在心裡的話一股腦地全部告訴了她。

「說回我遇鬼吧！昨晚他在車上斷斷續續說什麼『我和妳結婚，我一直愛妳，我……給妳一個家……』我當然聽得十分陶醉，靠他更緊，他還在說些什麼，我已經沒有怎麼再用心聽……」她繼續說下去。

反正就是那一套，有的女人也真好騙，什麼實際的表現都不必有，有的男人在一分錢也拿不出來的情形下，講一句「將來我給你整個世界」也有女人上當！那當然，這種女人現在很少，可是還不能說沒有。

「剎那間，我的身子突然震動了一下，像清醒過來，本來半閉的眼睛，也在那一剎間睜大，身子離開他一點，他卻急不及待把我拉回來，我再掙扎一下，而簡單的一句話，在我說來卻像十分艱難：『我……我……他對我很好，我現在……對不起……他！』R像把我當成神父，向我告解一樣。

對啊！R已經有一個要好的男朋友，她在網上交友，純粹出於好奇！

「他的臉上，現出了醜惡之極的神情，一張本來只是平庸的臉上，泛起了一層陰險的神情。這樣的男人連做一個壞人的資格都不夠，我繼續說：『他對我很好……和他在一起的日子，我才覺得自己像人……』誰知道他立即咬牙切齒說：『他在玩弄妳！妳在他那裡什麼都不能得到，等他玩厭了，一腳就把妳踢開，而和我在一起，我永遠愛妳！』」

我嘆了一口氣，雖然已經算是竭力壓抑自己，不去管別人的事，但他們擺明是一個賤男人和一個笨女人！

「突然……突然……那計程車司機語重心長地問了一句：『先生，你靠什麼過生活？能提供你愛的女人合水準的生活嗎？』他身子震動了一下，臉上現出此情大過天的神情：『我會無微不至地照顧妳，也許暫時錢不夠用，但妳可以去找一份工作，大家一起努力！』

那司機聽完嘆了一聲：『這種話聽起來真動人，小姐，妳相信嗎？別聽他的，這種連照顧所愛的女人都無法辦到的男人，最靠不住！』

我突然覺得，那司機的聲音很空洞，不像由車廂內發出，於是我四面看了一下……嚇傻了眼！車窗之外一片漆黑，什麼也看不到，根本不是我們要去的路線上，甚至已不在市區之中，也不像到了郊外，像是駛進了無邊的黑暗之中！

我們都大叫起來：『司機，你把我們帶到什麼地方來？停車，快停車！』

司機並沒有回頭，他聲音沉重：『小姐，要停的是妳，這時再不停，以後也不會再有機會了！』

這是我第一次實實在在地聽到司機的聲音，雖然這之前，我都曾強烈感受到有人在對我們說話，但實際上，我並沒有聽到聲音。

他的聲音既驚且恐：『你是什麼人？』

司機又嘆了一聲：『我？我只不過是一個愛管閒事的司機，看不慣你這種騙女人的賤人！』

他的叫聲更響：『停車！我報警！』

司機笑說：『報警？只怕奈何不了我，我已死了十多年，下面冷清，這才上來開開車，也好找點閒事管管！』它一面說，一面轉過頭來，它不是瘦，只是貼上了一層皮的骷髏。

我嚇得尖叫，然後就昏了過去，醒來時已經在醫院，醫生說有人報警求助，說我們在計程車站昏迷不醒，懷疑酒精過量……」她一口氣把事情說完。

「可能真是酒精過量呢！別再想太多了，先休息一陣子，我晚一點來看妳。」我安慰著她。

至於真相是怎樣，我想大家已無需深究，明白在心便好……

眷顧

從律師事務所出來，陽光普照，秋高氣爽，好朋友A和B夫妻倆興奮得手緊挽著手，覺得世界上充滿了幸福，看得連我這個電燈泡也有些不好意思。

幸運之神似乎一直眷顧著他們，A在工作上升了職，B的幼稚園業務也蒸蒸日上，他們結婚兩年，積攢了一筆相當數額的存款之後，就開始物色他們可以買得起又符合他們理想的房子。終究是自己房子，計劃中要住很多年，所以不可能隨便，一定要在盡可能範圍之內，找到自己最喜歡的住所。

「喂！今晚到我們家一起傾談細節吧！」他們邀請我幫忙提供意見巧思，我當然效勞，雖然還有點言之過早，但畢竟大家是從小玩到大的好朋友嘛！

他們一條一條地把自己所要的條件寫下來，連細節都寫好，例如屋子一定要向南，因為夏天有涼風，冬天滿屋子都是陽光，種植室內植物，也可以生長得茂盛，最好有三個房間等等。我們也不斷商量著如何布置他們的家庭，他們對生活充滿了憧憬和甜蜜。

可是在開始找房子的時候，他們的困擾就來了，他們發覺，理想的住所不是沒有，稍微合心意的，卻離他們的理想很遠，房子的售價之高，已經不是他們所能負擔的了！

「為什麼不考慮住在郊區？」我提議。

「郊區的房子一樣不便宜，而且帶來的問題極多……」A苦惱著說。

最後只好放棄。

半年後，他們幾乎已經心灰意冷。在這半年內，他們的儲蓄自然又增加了不少，可是比起房子的售價，還不知差了多少。美麗的計劃，看來變成了泡影，這真是令人沮喪之極。

當我們已經有一個多月誰都不想再提起房子的事情時，人生就是這樣，好運氣突然來了。

那天早上，A的手機響了起來，拿起電話，是一個地產經紀打來的，他們為了找房子，也曾拜託了不少經紀，而每一個地產經紀在聽了他們的條件後，都搖頭不已，認為他們可能是從火星來的，想用那麼少的錢，去買那麼好條件的房子。

他們也早對地產經紀不寄予厚望，可是意外地，那個電話中的經紀告訴他們：「有一層房子，很符合你們的條件，業主急於放售，要不要來看一下？」

A的聲音帶點苦澀：「只怕我們買不起！」

但經紀的回應令他們燃起了希望：「售價低到難以置信，錯過了這次機會，恐怕再也不會有，你們要來看的話，下午兩點來，我帶你們去，有很多人也會去看呢！」

看房子的人很多，至少十多個，當他們來到那幢大廈門口之際，他們已經搖頭，那是一幢相當高級的住宅大廈，地點適中，單位面積九百多平方尺，這種房子，他們是買不起的，只是姑且上去看看。

業主是一位不怎麼喜歡講話的老人，對於其他看房子的人批評房子這個不好，那個不好，顯得極不耐煩，卻對一言不發的A和B表示好感，甚至示意經紀，把其他人全部趕走，然後對他們說出價錢。

A和B一聽，幾乎不敢相信自己的耳朵，售價只及市面房價的一半！

A是老實人，忍不住問：「為什麼？老先生，你的房子，不只值這個價錢！」

業主沒有說什麼，只是問：「要不要？要就明天到律師事務所辦手續！」他們倆人一起說：「要！要！當然要！」

一切都符合理想，世上竟然有那麼幸運的事，難怪他們覺得幸運之神降臨在他們身上。

三個月後，經過悉心的布置和裝修，他們搬進了新居。有一晚，他們請我和另外幾個朋友到新居吃飯，大家看到那麼好的環境，又知道售價如此低，都十分羨慕，稱讚他們好運氣。

只有我一個：「世上哪有這麼便宜的事，這屋子……莫非是有什麼古怪？」我非常婉轉地說著。

他們當時笑了起來：「有什麼古怪？總不會是有鬼吧？」

是的，我見到其中一個房間，有個女靈體站在房門外看著我們，可是我又不敢告訴他們，畢竟是新居入厝，又是他們理想中的家，我不想掃他們的興，嚇壞他們。

我知道他們當然不會把我說的話放在心上，可是有一晚，A的公司有應酬，只有B一個人在家，接近午夜，B還在整理衣物，她站在衣帽間的衣櫃前，背對著房門，而房門是打開的，房門外是一條短短的走廊，走廊中有另外兩個房間的房門，都關著，那是他們的臥室和書房，就在那時候，B突然聽到其中一個房間，傳來了哭聲。

B呆了一呆，她立即弄清楚那絕不是什麼電腦或電視機的聲響，環境十分清靜，顯然是有人在抽泣著，所以哭泣聲聽來分外清楚。「房間裡有人在哭！」B在那一剎那間整個人都僵住了，她想叫，可是怎麼也發不出聲來，全身連同拿在手中的那件衣服都在發抖。

她甚至連轉過頭去看一看的勇氣也沒有，在她一生中，從來也沒有那樣害怕，在她混亂無比的思緒中，她只想到一個字——鬼。

哭泣聲一直持續著，直到她快要昏過去時，才聽到了大門開啟的聲音，接著是A的叫喚聲，B知道丈夫回來了，她想大叫，但這時，哭泣聲也消失了，她緊咬著下唇，不讓自己叫出聲來，A走過去，在B的背後摟住她，才驚覺她的身子抖得厲害。

B沒有告訴A聽到哭聲，只是在第二天，她去買了一條十字架頸鍊，每當午夜驚醒，她就豎起耳朵來聽，除了丈夫輕微的鼻鼾聲之外，並沒有什麼特別的聲音。

又有一個星期六，B約了一群女性朋友去逛街購物，當她回來的時候，發現丈夫正在大口喝著酒，神情十分奇怪，可是卻沒有說什麼。第二天，B發現丈夫帶了一個法科師傅回來，那師傅做了一些儀式之後，給了A幾道符，把其中二道，貼在那間書房中。B感到一股寒意，望著丈夫，A避開她的目光，B歎了一聲：「我們互相不要再隱瞞，這……房子裡……有鬼。」

A比妻子更脆弱，他幾乎哭了出來：「是……是……昨晚我一個人在家的時候，那個書房……有女人的哭聲……」接著，他接近崩潰似地大叫了起來：「為什麼？為什麼？我們辛辛苦苦工作賺錢買房子，你為什麼來找我們？為什麼？」

他用力地打開書房的門，房中還很凌亂，他對著房間，大聲吼著，B用力把他拉開，然後一起離家，一直在外面亂走不想回去，當晚，他們在酒店過了一夜。

第二天，他們才鼓起了勇氣回去，接下來的幾天，他們都不讓對方單獨一人在屋子裡，一直到星期六，接近午夜時份，哭泣聲又從電腦房傳出來，他們除了緊緊相擁之外，一點辦法也沒有，誰也提不起勇氣打開那個房間的門看看。一直到天亮，哭聲才停止，兩個人的精神，已經到達崩潰邊緣了！

「把它……賣掉吧！當時……那麼便宜就該知道……我想起了，之前霧島在飯局提醒過我們！」B低聲說。

A的面色鐵青：「找霧島介紹人來做法事，把它趕走！」

B終於忍不住「哇」的一聲哭了出來，A緊握著拳頭，狠狠地瞪著那個房間的房門，房門是關著的，誰敢打開來看看裡面在哭的「它」是誰？

各種僧道的法師我已經介紹過，法事亦都舉行過，他們也曾經試著和原來的業主接觸，問他那個房間發生過什麼事，可是那位老先生據說已移民到國外去，下落不明，無法聯絡。

他們也曾問過鄰居，詢問他們這間房究竟發生過什麼事，可是並沒有人知道，只知道以前這裡住著一對父女，女兒大約三十歲，沒有嫁人，或是嫁了人又離異，所以和父親住在一起，也沒有人可以肯定，管理員說：「馮小姐瘦瘦的、斯斯文文，很客氣，不愛講話。」

「那麼，每逢星期六在哭泣的，應該就是那位馮小姐。」我抽著菸說。

馮小姐後來怎麼樣，沒有人知道，鄰居向來是各顧各的。每逢星期六，哭泣聲還是照樣傳出來，A發了狠勁：「大不了不要這個房間，除了哭泣聲外……也沒有什麼別的不對勁。」他請人在那間房裝上隔音設備，可是怎樣弄也阻隔不了哭聲，每當哭聲傳出來時，他們除了奪門而出外，也沒有別的辦法。

那給他們精神上帶來的折磨，簡直不可言喻。一個星期六又一個星期六，一直到大半年後，A決定放棄了。

「明天找房屋仲介，把房子賣掉吧，不管什麼價錢，賣掉算了。」在飯局中我苦笑著說。

「也好，不過……今天我去檢驗，我懷孕了。」B歎了一聲。

說也奇怪，在飯局之後，那個房間再沒有哭聲傳出來，一切竟變得那麼正常，他們甚至敢在星期六晚上，進入房間內玩電腦。

B的腹際則日漸隆起。一切，似乎全都回復正常了。

離魂

二〇一九年八月，我在家突然昏倒，家人回家後才發現已經是二個多小時的事了。我被送上救護車，直入急診檢查後再被推上重度治療區，情況嚴重可想而知。

家人說我已經陷入昏迷狀態，全無知覺，醫生也找不到原因。其間我的血糖值一直上升不降，升到五十多度（mmol/L），正常人不會超過十度（mmol/L）。醫生害怕會影響我的腎臟功能，引發腎衰竭，所以得要馬上插管打針。

持續了二天昏睡不醒，醫生說沒有辦法，只能依靠我自己的意志，讓自己醒來，否則只會一直睡，我母親泣不成聲，全家人也非常擔心。

幸運地第三天我終於醒了過來，可是意識還未清醒，直到第四天才完全清醒過來，之前發生過什麼事，我全然記不起！但在我昏迷其間，我見到一些異象，我經歷了離魂和見到自己信仰中的神！

至今仍歷歷在目。

平躺在病床上，身體插滿管線，雙手和雙腳被繩子綁住，無法動彈。首先感覺到自己變得很輕，像氫氣球一樣，繼而有種「東西」脫離身體，一直向上升，當升到某一個高度時，突然停了下來，我的身體一直在縮小，過程非常痛苦，那種感覺，實在非筆墨可形容，勉強要說的話，就好像把一個人壓縮了一樣。

之後，縮到變成一點，是一粒光點！看到躺在病床上的自己，看到重度治療區的病人、護士和醫生，看到周圍的環境，簡直可說是不可思議！之後飛出重度治療區，往其他病房飛去，霎時間，我覺得如實境遊戲般那樣有趣。

之後突然變得不由自主，控制不了，飛回自己的病房中，見到煙霧離漫，有幾個「人」坐在我面前，雖然看不到容貌，但我知道祂們是我信仰中的「大黑天」、「天照皇大神」、「阿彌陀如來」和「觀世音菩薩」！

我感到自己在下跪，並痛哭著說：「我不想死！我還有很多事情還沒做！」不知道那位神祇回應我說：「沒有人要妳死啊！是妳自己飄來飄去，快返回身體！」那聲音並沒有男女之分，而且並不實在，但非常悅耳，令人想一聽再聽。

我飛回自己的病床上，感覺光點正在擴張，直到變回原來的我，其間沒有任何的痛楚，跟著我就徐徐下降，返回自己的身體內。

就醒過來了。

無論如何，這個經歷讓我知道，神祇是存在。我會好好珍惜每一天，大家都應該要。

共勉之。

回家

靈體可以停留在陽間多久好等待合適的人替它辦事？

二〇一一年，我中學同學G，是水警警員，負責駕駛水警輪艇，經常北上去深圳消遣，與女朋友租屋同居，可惜欠下廿萬巨債無法清還，最終在寓所燒炭身亡。

那晚，約了朋友在旺角吃晚飯，因為我已經遲到了，所以快步地趕去目的地，路經一間便利店，隱約看見G站在裡面，於是就進去，想跟他打個招呼，可是推開人群進入便利店後，又找不到他：「可能認錯人！」我當時心在想。

好菜好酒好朋友，這頓飯吃得很高興，大家打道回府時，已近凌晨一時多了。不知道是不是酒喝多了，總覺得有人跟我同坐一車，可是又看不到靈體與我同車，我聽到耳邊有人跟我談話，但我又聽不清楚，總之硬是怪怪！

因為這件事，我戒酒了！

回到家梳洗後準備就寢，朦朧中聽到我家的門鈴響起，但真的酒精上腦，感覺很累和有點頭痛，因此沒有起床去應門。沒多久，門鈴再次響起，而且比第一次急速和頻密，實在很騷擾，我沒辦法不起來去看個究竟。

從防盜眼看出去，是G！

我馬上開門：「為何這麼晚啊！有事嗎？」我甚至忘了懷疑他怎麼會知道我住處。

「有些事想跟妳傾談，也想拜託妳一些事，可以進來嗎？」他好像有心把聲音壓低。

我給他倒了一杯咖啡。「謝謝！很香！」可是他只是嗅聞著那杯咖啡的香氣，而沒有喝下。

我的頭真的很痛，很想睡覺，但我仍撐著。

「到底什麼事！你臉色不太好！」我凝視著他。

「像我這種人，臉色通常比較蒼白……」他把聲音壓得更低，而我對這句話是摸不著頭緒。

「我想回家，妳帶我回家吧！」他幽幽地說，而且重覆了好幾次。

開始覺得心緒不寧，雖然喝了點酒，但又未至於在不清醒的狀態，偷看玄關放鞋的位置，赫然發現他只放了一只鞋子！

他不是人！

我並不是害怕與與靈體共處一室，只是驚訝為何會找上我和為什麼他會不在人世，才不過三星期前，我們還有舊同學聚會，大家才高興地吃過午餐。

他好像知道我在想些什麼，然後詳細告訴我他自殺的原因。

「那我如何把你帶回家？為什麼會找上我？」我問它。

「我……我不知道！我真的不知道！」它抱著頭說。

老實說，它什麼也不知道，那我也不知道應該如何處理！畢竟我不是一個法科師傅。

天將亮，它好像也感應到我的煩惱：「我是時候走了，謝謝妳聽我訴苦……」它邊說著邊走到玄關把唯一的鞋子穿上，然後穿過大門離開我家。

從此以後，我再沒有見過它了，不知道那位有緣人可以幫得到它……

藍可兒

先此聲明，我並不是利用或消費亡者，我只是把自己看到的如實寫出。

二〇一九年底，我接到香港網路電台最受歡迎的靈異節目《恐怖在線》主持人潘紹聰先生的來電，問我可不可以討論一下非常轟動的藍可兒事件，是否存在靈異成分。

藍可兒事件指的是加拿大籍華人藍可兒於二〇一三年一月至二月間，在美國加利福尼亞州洛杉磯市中心塞西爾酒店屋頂水塔內的溺死事件。因為死亡地點離奇，加上失蹤前被拍攝到在酒店電梯內作出一系列古怪動作，因此成為關注焦點。法醫提出的驗屍結果做出意外溺死的結論，並依其生前的行為，認為藍可兒患有躁鬱症，是造成其死亡的重大因素。

藍可兒於二〇一三年一月獨自赴美國加利福尼亞州旅行，於一月二十六日入住大名鼎鼎的塞西爾酒店。她在洛杉磯期間，每天都會與家人通電話聯繫，直到三十一日後失去蹤跡。最後在二月十九日，被發現陳屍在酒店頂樓的水塔中。

警方公布了藍可兒生前最後出現在酒店電梯的影片，影片中可以看到許多不合常理的奇怪行為模式和動作舉止，讓人不得不揣測她的死因另有玄機。

網路上充滿了對藍可兒死因的各種討論，許多網友和媒體也嘗試從影片中解析她是不是遭遇了什麼可怕的事情，但至今始終是個謎。

其實我之前已經看過該段「詭異影片」，沒錯，她住的樓層走廊和電梯內都有鬼魂，但她卻不是受鬼魂的影響而做出令人費解的動作，我為什麼這麼肯定？

因為我嘗試把她在電梯內之前發生的事推前看，我看到她從一間房跑出走廊，樣子表現得很開心，房間內則有七至八個身穿黑色斗篷的人，整個房間煙霧瀰漫，像在做一個宗教儀式似的，接著就是承接該段「詭異影片」了！

因此我一直相信，藍可兒的死亡，可能跟邪教中的「活人祭」有關，而且跟酒店有著莫大的關係，否則就解釋不了那些漏洞。

讀者們有其他看法嗎？

後記

清晨五時，呷着濃醇香的黑咖啡，聽著 The Neville Brothers 的，With The God On Our Side，細想由二〇一九年到現在香港發生的事……

這一年，香港處於動盪不安的時代，為自由民主，衍生出一場又一場的革命；一場武漢肺炎，出手狠勁令全球措手不及，不知道如何是好！經濟的不景氣，讓每個人每天都在焦慮不安下生活。

可是，路還是要繼續行！

So now as I'm learing
I'm meary as Hell
The confusion I'm feeling
Ain't no tongue can tell

The words fill my head
And fall to the floor
If GOD's on our side
He'll stop the next war……
臺灣自由、民主萬歲！

霧島
於二〇二〇年八月三十日

穹蒼之下，沉冤待雪

香港抗爭事件被自殺冤魂通靈實錄

作者　霧島
主編　林巧涵
責任企劃　倪瑞廷
美術設計　兒日設計
內頁排版　唯翔工作室

第五編輯部總監　梁芳春
董事長　趙政岷
出版者　時報文化出版企業股份有限公司
一〇八〇一九台北市和平西路三段二四〇號一至七樓
發行專線　(〇二)二三〇六—六八四二
讀者服務專線　〇八〇〇—二三一—七〇五
(〇二)二三〇四—七一〇三
讀者服務傳真　(〇二)二三〇四—六八五八
郵撥　一九三四—四七二四　時報文化出版公司
信箱　一〇八九九臺北華江橋郵局第九九信箱
時報悅讀網　www.readingtimes.com.tw
電子郵件信箱　books@readingtimes.com.tw
法律顧問　理律法律事務所 陳長文律師、李念祖律師
印刷　勁達印刷有限公司
初版一刷　二〇二〇年十月十六日
定價　新台幣三二〇元

時報文化出版公司成立於一九七五年，並於一九九九年股票上櫃公開發行，於二〇〇八年脫離中時集團非屬旺中，以「尊重智慧與創意的文化事業」爲信念。

穹蒼之下，沉冤待雪：香港抗爭事件被自殺冤魂通靈實錄 / 霧島作，
—初版，—臺北市：時報文化，2020.10
ISBN 978-957-13-8377-4 (平裝)　1. 社會運動 2. 政治運動 3. 香港特別行政區
541.45　109013842

ISBN 978-957-13-8377-4/Printed in Taiwan/All right reserved.